W0084697

Zurück auf Start

Anne Koark

ZURÜCK AUF START

Mein neues Leben
nach der Insolvenz

1. Auflage 2010

© Eichborn AG, Frankfurt am Main, März 2010
Umschlaggestaltung: Christiane Hahn
unter Verwendung eines Fotos von Hartmuth Schröder
Lektorat: Sabine Rock, www.druckreif-rock.de
Innengestaltung und Satz: Oliver Schmitt
Druck und Bindung: Fuldaer Verlagsanstalt, Fulda
ISBN 978-3-8218-6518-8

© **Mix**
Produktgruppe aus vorbildlich bewirtschafteten
Wäldern, kontrollierten Herkünften und
Recyclingholz oder -fasern
www.fsc.org Zert.-Nr. SCS-COC-001554
© 1996 Forest Stewardship Council

Eichborn Verlag, Kaiserstraße 66, D-60329 Frankfurt am Main.
Mehr Informationen zu Büchern und Hörbüchern aus dem
Eichborn Verlag finden Sie unter www.eichborn.de

Inhalt

Vorwort

Mein Name ist Anne Koark. Im Jahr 2003 musste ich Insolvenz anmelden. Damals kam ich mir vor wie Knut der Große, der 1016 zum König von England ernannt wurde. Henry von Huntingdon, ein Historiker der damaligen Zeit, berichtet davon, wie Knut seinen Thron am Strand aufstellte und dem Meer befahl, zum Stillstand zu kommen. Er wollte so erreichen, dass seine Füße nicht nass wurden – und natürlich seine Macht demonstrieren. Aber die Flut war genauso wenig aufzuhalten wie die Ebbe. Alles wurde nass und fortan sagte Knut: »Lasset alle Menschen wissen, wie leer und wertlos ist die Macht der Könige, denn es ist keiner, der diesen Namen verdient, aber er dem Himmel, Erde und Meer von ewigen Gesetzen gehorchen [muss].« Was das mit meiner Situation zu tun hat? Die Insolvenz war damals wie eine Wand für mich, die ich auch nicht aufhalten konnte. Ich dachte, dass die folgenden sechs Jahre einfach unbezwingbar wären. Doch als sie kamen, wurde alles ganz anders, als ich es erwartet hatte. Ich konnte in dieser Zeit sehr viel lernen über mich selbst, das Leben und über die Gesellschaft, in der ich lebe.

In unserer Gesellschaft scheinen wir darauf geeicht zu sein, alles auf Erfolg oder Sieg zu setzen. Verlieren heißt versagen. Scheitern, Verluste und Krisen gehören aber zum Leben dazu. Jeder Mensch erleidet persönliche Tiefschläge. Man kann diesen Teil des Lebens nicht einfach verschweigen. Die Begriffe Sieg oder Niederlage, Gewinnen oder Verlieren, Erfolg oder Misserfolg müssen neu definiert und neu bewertet werden.

Als Kind habe ich eine Geschichte gehört, die mir sehr imponiert hat. Diese Geschichte handelte von einer Kartoffel, einem Ei und von Teeblättern. Die Kartoffel wurde in kochendes Wasser gegeben. Vorher war sie hart und unbiegsam und im kochenden Wasser wurde sie weich. Das Ei war weich und nur durch eine dünne Schale geschützt. Als das Ei ins kochende Wasser gegeben wurde, wurde es innerhalb kürzester Zeit hart und unbeweglich. Die Teeblätter wurden ins kochende Wasser gegeben und sie blieben Teeblätter. Aber sie verwandelten das heiße Wasser in etwas, das schmackhaft war. Die Geschichte war stets mit einer Frage verbunden. Wollte man wie eine Kartoffel sein, die weich wird und ihre Stärke verliert, wenn es schwierig wird? Oder doch lieber wie das Ei, das nach dem Wasserbad außen immer noch gleich aussieht, aber durch die Erfahrungen innen hart geworden ist? Oder würde man lieber wie die Teeblätter sein, die so bleiben, wie sie waren, die aber genau das verändern, was ihnen Schmerzen zugefügt hat – nämlich das heiße Wasser –, und die der Situation mit dieser Veränderung einen guten Geschmack geben? Kein Wunder, dass wir Engländer so gerne Tee trinken!

Vielleicht müssen wir einen anderen Blickwinkel auf das Scheitern, die Niederlage und den Verlust bekommen, sodass wir anfangen können, die eigene Situation zu verändern, wenn die Zeichen »zurück auf Start« gesetzt sind. Karl Valentin sagte einmal: »Der am Ende ist, kann von vorne anfangen, denn das Ende ist der Anfang von der anderen Seite.« Wie habe ich gerätselt, als ich dieses Zitat zum ersten Mal hörte! Wenn man darüber nachdenkt, ist es aber völlig klar: Es kann keinen Neuanfang ohne Ende geben. Wer das Ende nicht findet, hat keine Chance, den Anfang zu finden. Wer einen neuen Anfang machen will, nachdem er ganz tief gefallen ist, muss sich genau anschauen, was passiert ist. Viele Menschen sehen nur das, was sie verloren haben. Viel wichtiger ist jedoch das, was man *nicht* verloren hat. Diese Überlegung hat mir auf meinem langen Weg sehr geholfen.

In den sechs Jahren der Insolvenz lernte ich, mein Selbstvertrauen wieder zu spüren und nach vorne zu gehen. Man mag daran zweifeln, dass ein Mensch, der alles verloren hat, wirklich etwas gelernt hat. Aber es liegt an uns, diesen Zweiflern zu zeigen, was in uns steckt. Mit dem, was wir *nicht* verloren haben, können wir überzeugen. Wir müssen nur daran glauben. Niemand kann einem Menschen die Kampfkraft nehmen, die Arbeitskraft, die Ehre, die Persönlichkeit, den Ideenreichtum und den Optimismus – es sei denn, er glaubt selber nicht mehr an sich und seine Fähigkeiten und gibt sie ab.

Bei all den Hindernissen, die es auf dem Weg zum Neustart gibt, darf man niemals den Humor vergessen. Eine gute Prise Humor hilft uns, etwas Ernstes zu verkraften und daraus eine Motivation für die Zukunft zu ziehen. Und das Genialste am Humor ist, dass man ihn nicht pfänden kann!

In diesem Sinne wünsche ich Ihnen, dass Sie nie vergessen, wer Sie sind und was Sie auch in scheinbar hoffnungslosen Situationen leisten können. Ich bin sicher: Jeder verdient eine zweite Chance.

Ihre Anne Koark

Das Leben in der Insolvenz –
meine Lebensdachrinne

Es regnet. Und, wie gewöhnlich, fällt das Regenwasser auf den Balkon vor meinem Wohnzimmer. Das lässt mich an meine erste Wohnung denken, die ich nach der Insolvenz bewohnte. Dort gab es eine löchrige Regenrinne, aus der das Regenwasser auf die Bodenplatten des kleinen Balkons vor meiner Küche fiel. Die unzähligen Wassertropfen und Rinnsale ähnelten immer mehr einem Wasserfall und gruben damals unschöne Löcher in den Bodenbelag. Die Dachrinne hatte mehrere Risse. Der Klempner musste eine neue Regenrinne anbringen, denn die alte hatte schon mehrere Jahrzehnte auf dem Buckel und ihren Dienst längst beendet. »Steter Tropfen höhlt den Stein« – dieses deutsche Sprichwort kommt mir dabei in den Sinn, und ich muss schmunzeln. Was ist nicht alles passiert in den letzten Jahren, und wie oft schaute ich in dieser Zeit auf den Balkon und überlegte meine nächsten Schritte? Immer wenn die Sonne sich wieder zeigte, wusste ich, wie es weitergeht, und es ging immer weiter.

Das war durchaus keine Selbstverständlichkeit, denn 2003 hatte mein Leben eine dramatische Wendung genommen. Bis Ende Juni 2003 gehörte mir eine sehr erfolgreiche Firma. »Trust in Business« betreute ausländische Firmen, die eine Niederlassung in Deutschland gründen wollten. Wir boten alles aus einer Hand an, angefangen von Gründungshilfe über Buchhaltung, Marketing, Unterstützung bei der Verwaltung und Übersetzungen bis hin zur Herstellung von Wirtschaftskontakten in Deutschland. Die Firma wuchs relativ schnell und in der Blütezeit hatte ich bis zu 15 Mitarbeiterinnen. 2001 wurde »Trust in Business« mit einem Existenzgründerpreis für den gesamten deutschsprachigen Raum ausgezeichnet. Doch im selben Jahr schaute die Welt entsetzt auf die Ereignisse vom 11. September. Die Auslandsinvestitionen gingen im Folgejahr in Deutschland drastisch zurück. Hinzu kam eine weitere Schwierigkeit. »Trust in Business« hatte seinen Kunden auch eine Möglichkeit geboten, für die erste Zeit Büroräume der Firma zur Untermiete zu beziehen. Plötzlich aber hatten wir keine Neukunden für die Büroräume mehr. Alle Bemühungen, diese Räume kurzfristig abzustoßen, scheiterten. Es war schier unmöglich, einen Untermieter zu finden. Um uns herum waren 53.000 Quadratmeter neue Büroflächen gebaut worden, die zu vier Euro pro Quadratmeter weniger angeboten wurden. Die hohe Miete drohte mich zu erdrücken, und die Angst vor dem, was kommen könnte, war sehr groß. Das Cash-Rinnsal war wie das Wasser in der löchrigen Dachrinne – das, was wir hatten, verschwand schnell, und es kam nichts nach.

Eine Volksweisheit besagt, dass eine Bank eine Einrichtung ist, die dir so lange Geld leihen wird, wie du beweisen kannst, dass du keines brauchst. Da ich mit meiner Firma damals noch keine Kredite in Anspruch genommen hatte, dachte ich, dass es unkompliziert sein müsste, an Geld heranzukommen, um diese Durststrecke durchzustehen. Das Wirtschaftsabkommen Basel II war damals schon im Anmarsch. Es regelt unter anderem die Eigenkapitalvorschriften, die bankenaufsichtlichen Prozesse, die Bewertung von Kreditausfallrisiken und die Offenlegungspflichten bei den Kreditinstituten. Das wirkte sich auf die Prüfkriterien für Kredite sehr stark aus. Ich verfügte nicht über das nötige Eigenkapital, um alles abzusichern. Ich war zum Risiko geworden, und das fing ich allmählich an zu verstehen. Hinzu kam, dass in dieser Zeit alle Kunden ständig niedrigere Preise mit uns verhandeln wollten. Jeder kämpfte, und das merkte man. Obwohl wir eigentlich mehr Geld benötigten, mussten wir mit den Angeboten der Konkurrenz mithalten. Es ging irgendwann gar nichts mehr. Ich verzichtete zugunsten der Firma über zwölf Monate auf mein eigenes Gehalt und kämpfte weiter. Aber einige große Kunden meldeten Insolvenz an, und damit stand fest, dass auch ich in die Insolvenz gehen musste. Da ich selbst für die Firma gehaftet hatte, war das zugleich die private Insolvenz, bei der ich alles verlor, was ich besaß. Es gab in dieser Zeit sehr viele schwarze Tage, denen aber immer wieder sonnige Tage folgten, an denen ich das geschafft habe, was ich damals für unmöglich hielt – mich damit abzufinden, dass ich alles verloren hatte, und den Blick trotzdem nach vorne zu richten.

Hier sitze ich nun, und der Duft des Tees, den ich mir immer von meiner Mutter aus England schicken lasse, steigt aus der Teekanne auf. Ich rauche eine Zigarette, freue mich über die Dinge, die gelungen sind, und denke über die Zeit in der Insolvenz nach. Es fiel mir damals sehr schwer, diesen Weg zu gehen. Den Punkt zu finden, an dem man aufgeben musste, war wahrlich keine leichte Übung. Meine Firma war mein drittes Kind. Und wer trägt ein Kind zu Grabe, wenn er sich nicht hundertprozentig sicher sein kann, dass das Kind wirklich tot ist? Eines hatte ich mir damals zum Ziel gesetzt: Wenn ich weiß, dass ich bald die Gehälter nicht mehr zahlen kann, dann werde ich einfach in den sauren Apfel beißen. Ich werde mich damit abfinden müssen, dass ich Schulden habe, die ich nicht mehr bewältigen kann. Meine Mitarbeiterinnen hatten alles gegeben, um die Firma zu retten, und ich wollte nicht, dass sie noch mehr leiden. Außerdem wusste ich, dass einige von nicht einmal ihre Miete zahlen konnten, wenn sie kein Gehalt mehr bekämen. Weder sie noch ich sollten auch noch die eigene Würde verlieren. Schulden zu haben war niemals mein Ziel, und ich hatte so gehofft, dass ich es schaffen würde, eine Lösung für all die Probleme zu finden. Aber ist es nicht besser, den Tatsachen in die Augen zu sehen und zu handeln, sodass man für seine Fehler geradesteht, als die Augen vor dem zu verschließen, was ohnehin feststeht, und einfach blindlings weiterzumachen? Und es war nun einmal so, dass ich nicht mehr zahlen konnte. Der Grund für einen Insolvenzantrag ist ja schließlich Zahlungs*unfähigkeit* und nicht Zahlungs*unwille*. Zumindest steht es so im Gesetz, auch wenn sich in den Köpfen der Menschen oft etwas anderes abspielt, wenn sie das Wort Insolvenz hören.

So nahmen die Dinge ihren Lauf. Der Insolvenzverwalter kam und beschloss, dass meine Firma bis zum 30. Juni 2003 weitergeführt werden sollte, um die restlichen Aufträge abzuarbeiten und das Geld somit für die Gläubiger zu sichern. Ein chinesisches Sprichwort sagt: »Hoffnung ist wie der Zucker im Tee: Auch wenn sie klein ist, versüßt sie alles.« Ich trinke aber meinen Tee ohne Zucker. Dennoch war die Zeit, in der der Betrieb weiterlief, für mich nicht immer ganz so bitter. Ich hatte wenigstens das Gefühl, dass ich etwas für meine Gläubiger tun konnte. Ich war damit beschäftigt, selber aufzuräumen, anstatt tatenlos zuzusehen, wie die Arbeit von vier Jahren einfach verschwindet.

Der Geruch meines Tees erinnert mich daran, was wir in England als Kinder gelernt hatten. William Gladstone, ein sehr bekannter Politiker des neunzehnten Jahrhunderts, sagte einmal:

»Wenn dir kalt ist, wird Tee dich erwärmen,
Wenn du erhitzt bist, wird er dich abkühlen,
Wenn du bedrückt bist, wird er dich aufheitern,
Wenn du erregt bist, wird er dich beruhigen.«

William Gladstone wusste, wovon er sprach, denn er war insgesamt viermal Premierminister von Großbritannien. Er wusste, was es heißt zu gewinnen, aber er wusste auch, was es heißt zu verlieren. Vor allen Dingen wusste er aber das, was ich damals gerne wissen wollte: wie man sich nach dem Scheitern immer wieder dazu motiviert, aufzustehen und weiterzumachen. Als zweimaliger Finanzminister von Großbritannien hatte er das Land durch Finanzkrisen geführt. Wie sehr ich mir in dieser Zeit wünschte, dass jemand wie Gladstone mich bei meinem morgendlichen Tee begleiten und mir ein paar Tipps geben würde, kann ich gar nicht zum Ausdruck bringen. Ich hatte einfach keine Ahnung, wie ich es schaffen sollte, nach der Auflösung meiner Firma weiterzuarbeiten und mich und meine Familie über Wasser zu halten. Alle Konten waren gesperrt, meine Altersvorsorge war weg, und ich hatte kein Geld. Ich dachte, ich hätte nichts. Das stimmte aber nicht, denn ich hatte Freunde – viel mehr Freunde, als ich je gedacht hätte. Man sagt, echte Freunde sind immer da, egal ob man im Recht oder im Unrecht ist. Schönwetterfreunde sind bekannterweise nicht unbedingt wirkliche Freunde. Und ich war heilfroh, dass meine echten Freunde nicht nach Recht oder Unrecht fragten, denn ich musste erst selbst begreifen, was passiert war und warum.

Es sollte lange dauern, bis ich begriff, dass ich einen langfristigen Mietvertrag unterschrieben hatte, an dem nicht zu rütteln war. Diese Tatsache und die wirtschaftlichen Folgen des 11. September hatten dazu geführt, dass ich die Insolvenz nicht aufhalten konnte. Auch das schnelle Wachstum meiner Firma hatte bewirkt, dass ich nicht über das nötige Kapital verfügte, um die schwierigen Zeiten zu umschiffen. Zu all diesen Erkenntnissen kam ich erst nach und nach – vielleicht ist das sprichwörtliche »Abwarten und Teetrinken« hier von Bedeutung. Es brauchte einfach eine gewisse Zeit, bis ich alle Zusammenhänge meiner Insolvenz verstanden hatte. Ja – es gab viel Tee damals!

Gleich im Jahr 2003 hatte mein Insolvenzverwalter meine Eigentumswohnung zum Verkauf angeboten. Mir war schon klar, dass dieser Schritt irgendwann kommen würde. Ich hatte aber kein Geld, um vor dem Verkauf umzuziehen. Der Verkauf der Wohnung bedeutete also für mich nicht nur den Verlust meines Eigentums, sondern zugleich den Verlust meines Zuhauses. Und mein Zuhause bedeutet für mich Geborgenheit. Nun würde es bald weg sein. Ich hatte immer wieder überlegt, wie ich es meinen Kindern beibringen sollte, dass wir jetzt auch noch die Wohnung verlieren würden. Bald würden viele Interessenten die Wohnung besichtigen wollen. Sollte ich die Kinder wegschicken, damit sie die Besichtigungen erst gar nicht mitbekommen würden? Würde ich es wirklich schaffen, die Besichtigungen über mich ergehen zu lassen, ohne allzu emotional zu reagieren? Aber sollte man seinen Kindern Schwierigkeiten verheimlichen? Von wem würden dann die Kinder lernen, wie man mit Schwierigkeiten im Leben umgehen soll, wenn nicht von mir?

Es gab so viele Löcher im Fluss meiner Lebensdachrinne, dass ich mich einfach nicht entscheiden konnte, wie ich mich in dieser Situation den Kindern gegenüber richtig verhalten sollte. Es würde zwangsläufig nun für alle spürbar werden, dass wir die Wohnung verlieren. Außerdem lag eine anstrengende Zeit hinter mir. Ich hatte lange gegen die Insolvenz angekämpft und wir waren nun viereinhalb Monate ohne Geld. Die Konten waren in der Insolvenzabwicklung, ich konnte kein neues Konto eröffnen, es gab kein Geld aus der Insolvenzmasse für mich und die Ämter fühlten sich für mich nicht zuständig. Wenn Freunde und Bekannten nicht geholfen hätten, wäre es unmöglich gewesen zu leben. So wie das Laub in der Dachrinne überquillt und Blockaden bildet, genauso hatte ich im Kopf manche Blockaden zu überwinden. Es waren so viele Leute, die die Wohnung besichtigten, dass die beauftragte Maklerin kaum noch nachkam. Immer wenn jemand ankam, war sie noch nicht fertig mit den Leuten davor. Sie versuchte wohl, die Termine so zu organisieren, dass ich nicht zu lange an jedem Abend belästigt werden würde. Ich bot ihr an, bei den Besichtigungen mitzuhelfen. Irgendwie war es leichter für mich, mit den Interessenten mitzugehen und ihnen alles zu zeigen, als untätig zuzuschauen, wie ein Fremder versuchte, meine Wohnung zu verkaufen.

Eines Tages aber passierte etwas, das meine Kinder wirklich auf eine harte Probe stellte. Die Familie eines Mitschülers besichtigte die Wohnung! Die Mutter dieses Schülers sagte zu ihrem Sohn: »Das wird dein neues Schlafzimmer.« Ich schaute meinen Sohn an und sah, wie sein Gesicht kreidebleich wurde. Was hatte ich ihm nur mit der Entscheidung angetan, dass er all diese Besuche und Gespräche mitbekommen musste? Ich sagte zu ihm: »Schatz, hör zu: Wir werden auch bald eine andere Wohnung haben und dann wirst du derjenige sein, der sein neues Schlafzimmer anschaut!« O Gott, dachte ich zugleich, denn wir waren schon wochenlang auf Wohnungssuche und hatten bislang keine Chance gehabt, eine Mietwohnung zu bekommen. Es scheiterte entweder daran, dass die Wohnungsinhaber lieber zwei arbeitende Menschen ohne Kinder als Mieter wollten, oder daran, dass sie eine Selbstauskunft verlangten, bei der man unterschreiben sollte, dass man nicht insolvent war. Ich war aber insolvent! Für eine Sozialwohnung kamen wir nicht in Frage, weil das Eigentum erst nach meinem Auszug aus der Wohnung an den Käufer übergehen würde. Somit hatte ich noch offiziell Eigentum, obwohl ich darüber gar nicht verfügen konnte. Vielleicht hätte ich weiter dafür kämpfen müssen, dass wir eine Sozialwohnung bekamen, denn ich war mir nicht sicher, ob die Auskunft, die ich vom Sozialamt bekommen hatte, wirklich stimmte. Dennoch wollte ich keine Zeit darauf verschwenden, mit den Ämtern zu kämpfen. Ich hätte nur riskiert, dass das Amt meinen Antrag endgültig ablehnt. Dann hätten wir im schlimmsten Fall gar keine Wohnung gehabt, weil ich zu viel Zeit mit meiner Auseinandersetzung mit dem Amt verloren hätte, anstatt eine Wohnung auf dem freien Markt zu suchen.

Eines Tages war es so weit und einer der Interessenten sagte zu. Wir hatten eine relativ knappe Frist, innerhalb derer wir einfach eine Wohnung finden mussten. Wenn ich nicht fristgerecht ausziehen konnte, würde ich damit den Termin für den Verkauf der Wohnung verzögern. Je näher der Termin für den Verkauf meiner Wohnung lag, umso eher ging die Verkaufssumme in die Insolvenzmasse ein. Ich betete für ein Wunder und hoffte, dass ich meinem Sohn nichts Falsches erzählt hatte, als ich von seinem neuen Zimmer sprach. Wir mussten einfach bis zum Stichtag, dem 15. Januar 2004, schon eine Wohnung haben. Ich mochte gar nicht daran denken, was passieren würde, wenn wir bis dahin noch keinen Mietvertrag hätten! Immer wenn meine Gedanken in diese Richtung gingen, kam mir mein alter Spruch in den Sinn »Think positive – dann wird es auch positiv!« Ja, ich hatte eigentlich schon gelernt, dass es immer weitergeht. Und da war es wieder: das Wort »eigentlich«, das ich so hasse. »Eigentlich« bedeutet im Deutschen doch immer nur, dass das, was gerade erzählt worden ist, nicht zutrifft. War ich schon wieder dabei, alles in Frage zu stellen? Oder konnte ich nun wirklich damit beginnen, aus den vorangegangenen Schritten und Erfolgen etwas für die Zukunft zu lernen?

Probleme kann man nicht einfach wegdenken. Sie sind nun einmal da, und man muss sich mit ihnen auseinandersetzen. Der philosophische Ansatz sieht vor, dass wir an Problemen wachsen. Philosophie ist doch die Liebe zur Weisheit und fördert das geistige Wachstum der Menschen. Und ich war sicher, dass mir nichts anderes übrig bleiben würde, als an diesem Problem zu wachsen. Ausweichen konnte ich sowieso nicht. Vielleicht würde ich am Ende ein Lebenskünstler werden. Ein Lebenskünstler ist ein Mensch, der das Glück des Lebens nicht im Streben nach unerreichbaren Zielen sucht, sondern das Sein nimmt, wie es ist, und versucht, allein aus den vorhandenen Dingen persönliche Zufriedenheit zu ziehen. Mit einer neuen Wohnung würde ich sicherlich sehr viel persönliche Zufriedenheit finden.

Es würde schon eine Wohnung geben, die wir haben konnten. Bislang hatten die Engel ganz gut auf mich aufgepasst. So erklärte ich mir, dass vieles irgendwie immer weiterging, auch wenn ich mir manchmal gar nicht sicher war, ob das überhaupt möglich sein konnte. Gibt es wirklich Engel? Ich meine mit diesem Begriff ein bestimmtes Phänomen, das ich immer wieder erlebt habe: In einer sehr schwierigen Situation gibt es plötzlich doch eine Lösung, auch wenn man im ersten Moment gar nicht glaubt, dass so etwas überhaupt möglich ist. Irgendwie schenkt der Gedanke an Engel mir eine Art Geborgenheit, aus der ich in solchen Momenten viel Kraft ziehen kann. Und genau diese Engel würden mich bestimmt jetzt nicht im Stich lassen.

Wir hatten eine Wohnung in der Nähe der Schule gesucht. Mein Ältester war in der vierten Klasse – ein wichtiges Jahr für die Kinder! Ich wollte ihn nicht mitten im Schuljahr in eine andere Schule schicken. Vielleicht musste ich mir nun aber doch Wohnungen anschauen, die weiter weg waren. Vielleicht würden die Kinder es trotzdem schaffen, in ihrer Schule zu bleiben. Und eigentlich hatte ich es viel besser als viele der Insolventen, mit denen ich jeden Tag seit Erscheinen meines ersten Artikels über meine Insolvenz in »Wallstreet Online« am Telefon sprach. Ich hatte einen Freund, der mir dabei helfen wollte. Also würde es irgendwie gehen. Ich fing an, Wohnungsanzeigen anzuschauen, egal in welchem Stadtteil die Wohnungen lagen. In der Stadt mussten sie sein, denn schließlich hatte ich mein Auto in der Insolvenz verloren und konnte mir kein neues leisten. Also musste die Wohnung so gelegen sein, dass man öffentliche Verkehrsmittel erreichen konnte. Wir hatten noch drei Wochen, bis es kritisch werden würde. Mir blieb aber oft die Luft weg, wenn ich daran dachte, was ich tun müsste, wenn es nicht klappt.

Als ich Deutsch lernte, habe ich oft die Werke von Johann Wolfgang von Goethe gelesen. Man hatte uns erzählt, dass er wie unser William Shakespeare sei. Da ich Shakespeare so liebte, war ich wirklich gespannt, was ich in Goethes Werken finden würde. Meine Freude wurde anfangs jedoch erheblich getrübt, denn das Deutsch, das er schrieb, war für mich als Engländerin damals sehr schwer zu verstehen. Dennoch erinnerte ich mich auf einmal an einen Spruch, den ich von Goethe gelesen hatte: »Die Schwierigkeiten wachsen, je näher man dem Ziele kommt.« Konnte es sein, dass dieser Mann genauso klug wie mein Shakespeare war? Na ja – vielleicht war er schließlich sogar klüger als Shakespeare, denn er war Dichter, Jurist, Staatsmann und laut George Eliot der letzte Polyhistor oder das letzte Universalgenie der Erde. Konnte es sein, dass er recht hatte und dass bald das Ziel bei der Wohnungssuche erreicht werden würde? Ja – das musste richtig sein, denn die Schwierigkeiten schienen sich wirklich zu häufen.

Drei Wochen später – ein Tag vor Heiligabend. Da insolvente Menschen bekanntlich nicht so viel Geld haben, um Geschenke zu kaufen, könnte das ein guter Tag sein, um eine Wohnung anzuschauen. Tatsächlich war eine passende Wohnung ausgeschrieben, in einer superschönen Gegend. Wir bekamen auch einen Besichtigungstermin. Und es war, anders als bei allen anderen Besichtigungen, gar kein Konkurrent dar. Wir sagten wie immer sofort zu. Ich konnte es kaum glauben, als dann das Telefon klingelte und wir Bescheid erhielten, dass wir die Wohnung haben konnten. Ja, ja, diese Wohnung, die nicht perfekt war, begrüßte mich bei der Schlüsselübergabe mit einer löchrigen Dachrinne, und ich freute mich sogar darüber! Wir hatten ein Heim – ein Zuhause für mich und meine Kinder! Das war das Einzige, was zählte.

Als ich dann den Insolvenzverwalter angerufen und ihm mitgeteilt hatte, dass wir ein neues Heim hätten, hat er nur gesagt: »Frau Koark – Sie sind genauso geblieben, wie wir Sie kennen! Pünktlich und zuverlässig zum Stichtag werden Sie ausziehen. Aber sagen Sie bitte mal, wie schaffen Sie das? Sie sind die einzige Insolventin, die wir haben, die sich beim Umzug von der Gegend her verbessert!« Die Engländerin brannte wieder einmal mit mir durch, und ich erwiderte nur: »Das hier ist meine Insolvenz, und ich möchte sie genauso zuverlässig und professionell durchführen wie nur möglich. Eine Unternehmerin unternimmt etwas. Und ich bitte Sie, man kann doch hinfallen. Aber muss man denn liegen bleiben?« Das hatte ich doch von den Kindern gelernt. Sie waren ja auch nicht liegen geblieben, als sie das Laufen lernten. Nun würde das die Mama auch noch schaffen – oder nicht?

Jetzt konnte ich mich endlich um den Tannenbaum zu Weihnachten kümmern. Er stand schon auf dem Balkon, war aber vor lauter Besichtungsterminen noch nicht aufgestellt worden. Lang würde er nicht in der Wohnung stehen: Heiligabend und am ersten Feiertag. Wir konnten den Weihnachtsbaum nicht auch noch mitnehmen! Wir würden am 26. Dezember stückchen-weise mit dem Umzug anfangen, denn zum 15. Januar wollte ich die Wohnung vollkommen leer und sauber übergeben. Niemand sollte den Eindruck bekommen, dass insolvente Menschen unordentlich und dreckig sind! Das war ich mir schuldig – und auch den Menschen, für die ich inzwischen einen Verein gegründet hatte. Er sollte die Belange von Menschen in der Insolvenz und von der Insolvenz Bedrohten vertreten. Ich hatte zwar alles verloren – nicht aber meinen Stolz und meine Ehre! Der Tannenbaum, den mir eine liebe Freundin geschenkt hatte, stand pünktlich zum Weihnachtsfest da, und die Kinder freuten sich. Sie stellten tausend Fragen, über den Weg in die Schule und alles Mögliche, was sie noch nicht wussten. Mittlerweile hatte ich schon den Fahrplan der Straßenbahn und der U-Bahn besorgt und erklärte ihnen, wie alles laufen sollte. Ich war sehr stolz auf mich. Trotz der emotionalen Achterbahnfahrt hatte ich doch alles gut hinbekommen.

An diesem Abend legte ich mich ins Bett und versuchte zu schlafen. Aber nun rasten so viele Bilder wie in einem Film durch meinen Kopf. All die Ängste, die ich ausgestanden hatte, waren wieder da. Ich hatte in meiner Panik schon daran gedacht, ob die Regierung wohl genügend Brückenbauprojekte angestoßen hatte. Nur dann könnten die vielen Insolventen, mit denen zu rechnen war, wirklich unter die Brücke ziehen und sich damit für eine Sozialwohnung qualifizieren, wenn sie nicht rechtzeitig eine Mietwohnung fänden oder wenn sie die Kaution für eine Wohnung nicht aufbrächten. Nur solche Gedanken rasten durch meinen Kopf. Und dann ging es los: Ich bekam einen Asthmaanfall sondergleichen! Ich musste zum Notarzt, damit ich wieder Luft bekam. Als kleines Kind hatte man mir erzählt, Asthma sei ein Zeichen dafür, dass die Seele stärker als der Körper ist. Na ja – für mich als »Stier« ist es logisch, dass der Kopf sich durchsetzt und über den Körper hinweggeht. Wenn ich jetzt aber zurückblicke, denke ich, dass dieser Asthmaanfall, der mich nach mehr als dreißig Jahren wieder zum Inhalieren brachte, der Dammbruch war, der die Blockaden in meiner Lebensdachrinne sprengen wollte.

Wenn die Luft wegbleibt, fühlt man sich irgendwie in sich selber gefangen. Es ist, als ob die Luft nach Freiheit ringt. Ich wollte frei leben können und ich hoffte, dass das bald möglich sein würde. Musste eine Insolvenz denn wirklich bedeuten, dass man komplett gefangen ist? Ich hatte lange Zeit über Hoffnung nachgedacht. Hoffnung ist im Italienischen »sperare«, Atmung ist »spirare«, und Spiritualität hat den gleichen Wortstamm. Also hat man Hoffnung, man atmet, und wenn man atmet, kann man das Spirituelle verstehen. Wenn das Spirituelle auch mit der Freiheit der inneren Gedanken zu tun hat, wäre das vielleicht eine Freiheit, die noch bleibt, und schließlich hatte ich ja eine Wohnung bekommen. Das war der erste Schritt auf meinem neuen Weg. Als ich das begriff, kam der Atem ganz schnell zurück, denn der neue Weg könnte äußerst spannend werden, wenn ich die Angst ablegen könnte.

Es blieb keine Zeit, noch mehr darüber nachzudenken, denn der Umzug musste vorbereitet werden. Wie sollten wir so schnell zwischen den Feiertagen, in denen so viele Freunde zum Skilaufen weggefahren waren, Hilfe organisieren? Wir mussten alles aus der Vierzimmerwohnung rechtzeitig einpacken. Wer würde bei den großen Teilen mit anpacken, damit sie in die neue Wohnung getragen werden konnten? Ich telefonierte und telefonierte und endlich hatte der Bekannte einer Freundin sich gemeldet, der uns helfen würde. Eine andere Freundin, die bei einer Umzugsfirma arbeitete, fragte an, ob wir für drei Tage einen kleinen Umzugswagen ausleihen wollten, den wir selber fahren konnten. So fügte sich ein Puzzleteil zum nächsten. Gleich am ersten Feiertag habe ich dann angefangen, Kisten zu packen. Gott sei Dank waren noch einige vom Umzug in die Eigentumswohnung fünf Jahre zuvor unten im Keller in der hintersten Ecke stehen geblieben. Jeden Tag packte ich neue Kisten.

Wir zogen um und mussten einige Tage auf warmes Wasser in der Küche warten. Aber das störte uns nicht, denn wir waren glücklich, ein Zuhause zu haben!

Eine fernöstliche Weisheit von Laotse besagt: »Auch der längste Weg beginnt mit dem ersten Schritt.« Das war damals der erste wichtige Schritt für mich – eine neue Wohnung zu haben, die für drei Jahre mein Zuhause sein sollte, bis ich eine andere Wohnung fand. Sie war praktischer für das Einkaufen ohne Auto, hatte eine bessere Verkehrsverbindung und einen Vermieter, der mir einfach glaubte, dass auch ich als insolvente Person eine Miete zahlen würde. Und er hatte recht, denn ich zahle immer noch pünktlich die Miete. Aber das war damals noch Zukunftsmusik.

Die Kinder mussten von der neuen Wohnung aus jeden Tag in die alte Schule fahren. Sie brauchten für die Hin- und Rückfahrt mit der Straßenbahn und der U-Bahn jeweils 45 Minuten. Die Fahrkarten lagen pro Kind bei 25 Euro monatlich. Ich hatte kostenlose Fahrkarten beantragt. Da die neue Wohnung aber nicht mehr im Einzugsgebiet der Schule lag, war diese Form der Kostenübernahme nicht möglich. Ich hatte sehr wenig Geld und suchte nun nach einer Möglichkeit, dennoch kostenlose Fahrkarten für die Kinder zu bekommen. Dazu brauchte ich jedoch einen Bescheid der Sozialhilfe. Zum Sozialamt wollte ich aber nicht gehen. Es würde hoffentlich nicht mehr lange dauern, bis der Verlag, bei dem mein erstes Buch erschienen war, auch das Geld für die Buchverkäufe abrechnen würde. Außerdem war ich damals schon 18 Jahre in Deutschland und hatte immer für mich selbst gesorgt. Ich wollte nicht auf einmal aufgeben und mich bezahlen lassen. Ich wollte selber versuchen, auf die Beine zu kommen. Die Regelungen, mit denen ich mich nun herumschlagen musste, erschienen mir absurd. Der Staat erlaubt die Übernahme der Kosten für die Fahrkarten nicht, ohne dass ich Sozialhilfe beantragte. Das konnte doch alles nicht richtig sein! Wenn man versucht, alleine zurechtzukommen und einiges selbst zu tragen, wird man scheinbar dafür bestraft. Legt man sich aber hin und gibt auf, zahlt der Staat alles! Wo sollte das hinführen? Ich fragte mich, wie lange es dauern würde, bis der Sozialstaat Insolvenz anmelden musste. Auch die Frage nach der Insolvenzverschleppung der Regierung geisterte ständig durch meinem Kopf. Musste der Staat denn die eigenen Gesetze nicht einhalten und Insolvenz anmelden, wenn er so viele Schulden machte? Aber auch diese Frage musste ich beiseiteschieben, denn es gab viel zu viel zu tun, als dass ich mich auch noch mit den Problemen des Staates befassen konnte. Der Staat würde sich um sein Cash-Rinnsal selbst kümmern müssen, denn die Löcher in meiner eigenen Lebensdachrinne mussten erst einmal repariert werden. Ich musste nun schauen, wie ich das Geld für die Fahrkarten der Kinder selbst aufbringen konnte, oder ich musste mir von Freunden helfen lassen, denn eine unbürokratische Lösung des Problems gab es nicht.

Auf ein Ereignis mussten wir noch warten: die Übergabe der Eigentumswohnung. Ein Tag, den ich nicht wirklich herbeisehnte. Die Wohnung hatte ich mit meinem ehemaligen Au-pair-Mädchen und einer Freundin geputzt. Nun saß ich in der Straßenbahn und fuhr zu meiner alten Wohnung. Wir hatten schon mit dem Hausmeister den Stand der Strom- und Heizungszähler abgelesen. Ich hatte in dreifacher Ausfertigung Ausdrucke dieser Stände und Auflistungen aller Schlüssel gemacht. Ich dachte, dass dies dem Insolvenzverwalter bei der Übergabe Zeit sparen würde. Außerdem würde die Übergabe dann auch schneller gehen, sodass ich nicht zu lange in der Wohnung verweilen müsste. Ich hoffte, diese Übergabe einigermaßen würdevoll zu überstehen, denn nachdem ich alle anderen Absicherungen für meine Zukunft verloren hatte, fiel es mir doch schwer, diese letzte Absicherung einfach so zu übergeben. Dann erinnerte ich mich daran, was ich anderen Insolventen gerne am Telefon erzählte. Wie so oft im Leben, ist es viel leichter, anderen zu raten, was zu tun ist, als es selbst tun zu müssen.

Ja, ja. Ich erzähle anderen häufig die Geschichte des Fallschirm-springers.

Zwei unerfahrene Fallschirmspringer, die zum ersten Mal im Leben alleine aus dem Flugzeug springen sollen, warten zitternd in zwei verschiedenen Flugzeugen. Die Tür des jeweiligen Flugzeugs geht auf, und sie schauen hinunter. Ihnen wird auf einmal ganz schlecht! Den ganzen weiten Weg sollen sie springen und einfach darauf vertrauen, dass alles gut geht? Was aber, wenn der Fallschirm sie im Stich lassen und einfach nicht aufgehen würde? Was, wenn der Notschirm dann auch nicht aufgeht? Der erste Fallschirmspringer über-legt und überlegt. Seine Angst wird immer größer. Dann denkt er: Ich bin doch nicht blöd. Ich gehe ein solches Risiko nicht ein. Er zieht an der Schnur seines Fallschirms und dieser geht im Flugzeug auf. Na, denkt er, jetzt bin ich sicher und kann springen. Er springt, verheddert sich am Flugzeug und landet im Triebwerk, wo er ums Leben kommt. Der andere Fallschirmspringer, der diesen Unfall in seinem Flug-zeug nicht beobachten kann, überlegt und überlegt. Dann denkt er: Was soll das ganze Nachdenken? Manchmal muss man einfach im Leben Vertrauen haben. Schließlich kommen 99 Prozent der Fallschirmspringer sicher zu Boden. Er packt seinen Mut beim Schopf und denkt: Lieber Mut, du kommst bitte auch mit! Und dann springt er. Der Fallschirm geht auf, und er landet sicher am Boden!

Nun war es an der Zeit, dass ich meine eigenen Worte lebte! Ich musste einfach springen und darauf vertrauen, dass das Leben weiß, wo es langgeht. Ja – das ist das, was ich tun musste: einfach ins Ungewisse springen – ins Leben ohne jegliche Ab-sicherung!

Die Übergabe ging wirklich schnell. Zwei meiner vorbereite-ten Ausfertigungen wurden unterschrieben. Ich bat den Anwalt aus der Kanzlei meines Insolvenzverwalters mit einem Augenzwinkern, meine Ausfertigung ebenfalls zu unterschreiben, sodass ich sie ihm faxen konnte, falls er diese Unterlage in meiner mittlerweile riesengroßen Akte eines Tages nicht mehr finden würde. Wie komisch, dass die Engländerin in mir immer wieder durchscheint, wenn es mir nicht gut geht. Wie schön, dass der Humor mich nicht verlassen hatte und mich immer wieder in solchen Situationen ablenkte, denn es fiel mir wirklich nicht leicht, meine Wohnung herzugeben.

Und dann saß ich wieder in der Straßenbahn und fuhr einfach zurück in die neue Wohnung. Erst in der Straßenbahn waren mir ein paar Tränchen gekommen. Einerseits war ich sehr stolz darauf, dass ich es geschafft hatte, den Termin in Würde hinter mich zu bringen. Andererseits musste der angestaute Schmerz einfach heraus. Das letzte Objekt aus meinem alten Leben war weg. Ich hatte immer gehofft, diese Wohnung würde mich für das Alter so absichern, dass ich alleine zurechtkam. Ich hatte gehofft, dass ich die Wohnung später verkaufen und eine kleinere Wohnung nehmen könnte. Dann hätte ich irgendwann genug Geld für das Alter gehabt, und es wäre sicher gewesen, dass meine Kinder nie für mich aufkommen müssten. Das war aber der alte Plan. Jetzt einfach darauf zu vertrauen, dass trotzdem alles gut wird, das war sehr anstrengend. Ich hatte absolut nichts mehr. Aber irgendwie wusste ich, dass es gut werden würde. Ich wusste nur nicht wie.

Und nun sitze ich hier und denke immer noch an die löchrige Dachrinne. Und ich weiß, dass all diese Ereignisse Spuren hinterlassen haben. So wie ich mich von meinem alten Leben trennen musste, musste das Haus sich damals bald von der alten Dachrinne trennen. Danach wurde alles anders! Und wir sollten gemeinsam in Fluss kommen – in den Fluss des Lebens. Darauf vertraue ich einfach, denn meine Insolvenz hat mir gezeigt, dass der riesige Berg von Problemen Schritt für Schritt viel einfacher zu bewältigen ist.

»Geben ist seliger denn Nehmen«, heißt der berühmte Satz aus dem Neuen Testament. Lange habe ich über diesen Satz nachgedacht, denn ich wollte nie zu den Menschen gehören, die nehmen müssen. Die ersten Monate hatte ich gar kein eigenes Geld, kein Girokonto und wusste nicht, wie es weitergehen soll. Wie gibt man, wenn man nichts hat? Ist es denn wichtiger zu geben als zu nehmen? Meine Freunde erzählten mir doch immer, dass jeder für sich ein Gleichgewicht von Geben und Nehmen anstreben sollte, sodass jeder in den Genuss des Gebens käme. Sie sagten sogar, man würde sich über die Menschen erheben, wenn man immer nur geben würde. Schließlich sei man nicht besser als der andere, und jeder müsste dann auch daran denken, dass er nur ein Mensch ist, und Menschen brauchen manchmal Hilfe. Wozu sonst leben wir in einer Gemeinschaft? Und wie soll ein Freund einem zeigen, dass er einen mag, wenn er nie die Gelegenheit bekommt zu helfen? Wilhelm Busch hat einmal gesagt: »Mancher ertrinkt lieber, als dass er um Hilfe ruft.« Ertrinken wollte ich nicht. Aber das Gefühl, ohne EC-Karte und ohne Girokonto zu leben und trotzdem all die Dinge des Alltags erledigen zu müssen, war gar nicht angenehm.

Wie sollte ich beispielsweise einem potenziellen Arbeitgeber klarmachen, dass und warum ich kein Konto hatte? Würde er denn nicht denken, dass ich zusätzlich zu der Insolvenz nun auch Steuerhinterziehung begehen wollte, da ich ihn bitten musste, mir das Gehalt bar auszuzahlen? Wie sollte ich all das schaffen, was eine alleinerziehende Mutter eben zu erledigen hat? Wie sollte ich die Schulausflüge bezahlen? So manche Regelung macht es den Menschen ohne Konto auch nicht gerade leicht. Wenn man zum Beispiel das Geld für die Miete bar einzahlen möchte, weil man nur ein Sparkonto eröffnen konnte, ist das ein teureres Geschäft, denn es gibt für eine Bareinzahlung eine bestimmte Gebühr, die zu entrichten ist. Ähnlich kompliziert verhielt es sich mit den Telefonkosten. Als ich insolvent wurde, waren die Flatrates bei den Telekommunikationsgesellschaften gerade neu, und ich wollte auf jeden Fall meine Telefonrechnung auf ein möglichst niedriges Niveau bringen. Mein SCHUFA-Eintrag ließ aber einen Wechsel der Telefongesellschaft nicht zu. Wer kann ein Interesse daran haben, dass insolvente Menschen mehr Geld ausgeben müssen als normale Menschen? So viele Fragen und so wenige Antworten hatte ich in dieser Zeit. Ich musste erkennen, dass ohne fremde Hilfe vieles nicht möglich war. Und natürlich wollte ich mich nicht über meine Freunde erheben. Man kann nicht stur darauf bestehen, dass immer nur die anderen sich helfen lassen müssen – und wenn man dann selber in einer solchen Situation ist, die Hilfe der anderen nicht annehmen. Das alles musste ich wohl auch lernen, wenn ich weiterhin geschäftsfähig bleiben wollte.

Ich hatte bereits kurz nach der Insolvenz begonnen, Vorträge über dieses Thema zu halten. Ich wollte es so aus einer Tabuzone holen, es gesellschaftsfähig machen. Für die Vorträge musste ich natürlich reisen, aber es war in meiner Situation unmöglich, selbst ein Hotelzimmer zu buchen. Schließlich hatte ich keine Kreditkarte. Die Lösung lag nahe – ich musste die Veranstalter bitten, die Hotelzimmer für mich zu buchen und direkt zu bezahlen. Aber das meinem Gegenüber am Telefon beizubringen war gar nicht so einfach. Es erforderte für mich auch eine Neugestaltung des Wortes »Stolz«. In der Luther-Bibel Spruch 11 heißt es: »Wo Stolz ist, da ist auch Schmach; aber Weisheit ist bei den Demütigen.« Vielleicht sollte man manchmal demütig sein und lernen, dass Stolz ein ganz großer Hemmschuh sein kann, wenn es einfach weitergehen soll. Das war ganz etwas Neues für die Frau mit dem Sternzeichen Stier, die gelernt hatte, dass der Stolz ein wesentlicher Bestandteil ihres Lebens ist und viel mit einem anständigen Handeln zu tun hat! Aber irgendwie musste ich es schaffen, dass alles seinen Weg geht und dass der Fluss meiner Lebensdachrinne nicht unterbrochen wird. Es gibt aber meistens doch einen Weg, auch wenn er erst einmal ungewohnt ist. Waren die Veranstalter, die mich für

Vorträge buchen wollten, nicht darüber informiert, dass ich über Insolvenz sprechen würde? Waren das nicht einfach ganz normale Menschen, die es verstehen würden, wenn ich ihnen erklärte, was für Schwierigkeiten damit verbunden sind, zu ihnen zu kommen? Wenn man das Ungewöhnliche schaffen möchte, muss man doch ungewöhnliche Wege gehen. Schließlich hatte ich das Wort Mut auch so definiert: Mut ist die *Motivation, das Ungewöhnliche zu tun.* Also los, hieß es, nicht einfach in meiner Komfortzone bleiben, sondern aktiv das Leben gestalten, und zwar mit den Mitteln, die mir zur Verfügung standen. Ich merkte, dass nicht nur die Lebensdachrinne renovierungsbedürftig war, sondern das ganze Gebäude meines Seins.

In dieser Zeit lernte ich den Wert vieler Dinge neu zu schätzen. Immer wenn ich auf Reisen war, schaute ich in meiner Handtasche nach, ob die Fahrkarte noch da war, denn ohne EC-Karte wäre es mir unterwegs nicht möglich, eine neue Fahrkarte zu kaufen. Auch als mein Verlag mir ein Handy ermöglichte, schaute ich ständig nach, ob es noch da war. Früher hatte ich einfach ein Handy, eine Fahrkarte, eine EC-Karte, und ich war nicht in der Lage, diese Dinge wirklich zu schätzen. Nun lernte ich, mit sehr wenig zufrieden zu sein. Jeden Tag freute ich mich über die kleinen Dinge des Lebens. Manchmal beobachtete ich andere Menschen, die ihre Handys irgendwo auf einem Tisch liegen ließen oder die einfach die Kreditkarte zückten, ohne überhaupt auf die Rechnung zu schauen. Natürlich war ihnen nicht bewusst, wie viel Glück sie hatten. Sie waren jederzeit zahlungsfähig, selbst wenn sie nicht genug Bargeld dabeihatten. Ich war früher auch so gewesen, und nun war alles anders. Es war für mich ein Wert, einen Hosenanzug zu besitzen, im Zug sitzen zu dürfen und ein Handy zu haben. So konnte man mich sofort erreichen, wenn irgendetwas mit meinen Kindern war, und ich konnte, sollte der Zug Verspätung haben, dem Veranstalter gleich Bescheid geben. Was für ein Glück, mit der Welt verbunden zu sein und sich in dieser Welt auch bewegen zu dürfen!

Jedes Mal, wenn ich zu einem Vortrag reisen durfte, spürte ich das Glück des Abenteurers. Es ist schon seltsam, aber ich hatte noch nie so viel von Deutschland gesehen wie in der Zeit, nachdem ich insolvent geworden war. Es gab also in der Insolvenz scheinbar auch Sachen, die man gewinnen konnte. Wenn das so weiterging, würde ich wohl noch vieles entdecken, was ich früher nicht wirklich zu schätzen gewusst hatte. Damals gehörten diese Dinge einfach dazu.

Aber auch der Alltag war in der Insolvenz zu bewältigen. Als alleinerziehende Mutter von zwei Kindern musste ich ja nicht nur die Miete zahlen und andere Lebenshaltungskosten bestreiten – ich musste natürlich auch etwas zu essen einkaufen. Mit monatlich 200 Euro, die mir blieben, war dies oft ein Kunststück. Aber wie man weiß, macht Not auch erfinderisch. Ich konnte nicht einfach meinen Kopf durchsetzen und so weitermachen wie bisher. Trotz hilft in einer solchen Situation niemandem. Ich musste andere Wege gehen. Ich musste lernen, erfinderisch zu sein. Ich erinnerte mich an die Zeit als Studentin, in der ich auch nicht viel Geld hatte und ich es trotzdem immer wieder schaffte, hervorragende Gerichte zu zaubern. Das musste doch auch in Deutschland möglich sein. Wie Sherlock Holmes begab ich mich auf die Suche nach der Lösung des Problems. In den Supermärkten kaufte ich Produkte, deren Haltbarkeitsdatum bald ablief und die deshalb reduziert waren. Ich fand heraus, dass in Großsupermärkten am späten Samstagabend sehr viele Produkte erheblich günstiger angeboten wurden, da es zwei Haltbarkeitsablaufdaten gab: Samstag und Montag. So konnte ich beispielsweise Fleisch für einen Bruchteil des normalen Preises kaufen und es einfrieren. Da das Haltbarkeitsdatum ja noch gültig war, war alles noch in Ordnung. Das Gleiche galt für Milchprodukte, die ich auch einfror. Gemüse gab es in Riesentüten zu kaufen, mit leichten Beschädigungen wie zum Beispiel Druckstellen. Die Druckstellen entfernte ich, blanchierte das Gemüse und fror es ein. So gab es bei uns immer etwas Gesundes zu essen. Gekocht habe ich immer in Mengen, damit ich nur einmal Strom benutzen musste. Ich fror alle Reste ein. Ich grub die alten Rezepte der Studentenzeit aus und fragte jeden nach günstigen Gerichten, um auf etwas Neues zu kommen.

Wer weiß, vielleicht werde ich irgendwann zur »Gourmetköchin der kleinen Preise«. Da ich selbst Gourmetflüchtling aus England bin, würde das sicherlich für einige hochgezogene Augenbrauen sorgen! Obwohl diese Insolvenz wirklich schwierig gewesen ist und mich vor einige Prüfungen gestellt hat, steckte sie doch voller Überraschungen. Sie hat mich in vielerlei Hinsicht erfinderisch und mutig werden lassen. Es heißt, dass nur schwache Menschen einfache Wege gehen dürfen und dass man mit der Last wächst, die einem aufgebürdet wird. Mein Weg ist nie einfach gewesen und manchmal fühlte ich mich sehr schwach. Aber wenn die Engländerin nun auch darüber nachdenkt, Köchin zu werden, wenn sie außerdem ein Buch auf Deutsch geschrieben hat, dann könnte es doch sein, dass genau diese Schwäche sich zu einer Stärke entwickelt hat, denn so war ich noch nie. Ich hatte oft darüber nachgedacht, dass, wenn man alles verloren hat, es nichts mehr zu verlieren gibt. Das lässt viel Raum für die persönliche Entfaltung. Warum sollte ich nicht etwas Neues probieren? Schließlich hatte ich ja gelernt, nach dem Hinfallen wieder aufzustehen. Wer weiß, was noch auf mich zukommen wird?

Und irgendwann war schien das Ende der Insolvenz in Sicht zu sein. Ich überlegte: Was würde nach dem 30. Juni 2009 passieren, wenn die sechs langen Jahre endlich vorbei sind? Wie würde es weitergehen? In die Zukunft blicken kann manchmal sehr schön sein. Nach sechs Jahren in geistiger Gefangenschaft ist man voller Freude über die Entlassung. Doch wenn die Tür einen Spalt offen ist, fürchtet man sich davor, durch diese Tür zu gehen. Wie geht das Leben weiter, wenn ich nicht mehr über diese magische Pfändungsgrenze nachdenken muss? Wie ist es wirklich, wenn ich nicht mehr Bericht erstatten muss über jeden Schritt, den ich gehe? Jetzt war meine Lebensdachrinne mit vielen unbeantworteten Fragen verstopft. Ich musste sie einfach beiseiteschieben und hoffen, dass nach der Insolvenz meine alte Lebensdachrinne nun durch eine ganz neue ausgetauscht werden würde, in der alles besser fließt als vorher. Ja, so stellte ich es mir vor.

Wie so oft, wenn sich alles ändert, gibt es keinen Wegweiser. Man muss sich einfach selber durch den Dschungel navigieren und irgendwann wird ein Weg sichtbar. Ich konnte es kaum erwarten, die Freiheit der neuen Lebensdachrinne zu erfahren und zu erfühlen. Wenn es mit mir so weiterginge, würde ich zurückblicken und sagen können, dass es das alles wert gewesen ist. Ich habe durch die sechs Jahre an der Universität des Lebens mit Abschluss im Insolventsein eine ganze Menge gelernt, was ich für mein späteres Leben sehr gut brauchen kann. Wer weiß, was mich nun erwartet? Vielleicht wird mein geistiges Haus auch an anderen Stellen renoviert!

Den größten Lohn für eine mühevolle Entwicklung sieht man oft viel später, denn er ist das, was wir durch all diese Erfahrungen werden. Ich war ganz anders geworden, als ich mir je hätten träumen lassen. Wenn mich viele Jahre vor der Insolvenz jemand gefragt hätte: »Was würden Sie tun, wenn Sie insolvent werden?«, dann hätte ich sicherlich felsenfest behauptet, dass ich mir die Decke über den Kopf ziehen würde. Als es so weit war, habe ich das aber nicht getan, sondern ich bin aufgestanden und weitergegangen. Ich war sozusagen für mich selbst eine Überraschung. Vielleicht ist diese Insolvenzzeit eine Aufforderung des Universums an uns, dass wir uns selber finden, denn nur in der Krise findet man sich wirklich. Ich denke, dass eine Krise wirklich produktiv sein kann, wenn man nicht nur über die Katastrophe nachdenkt, sondern auch darüber, was man aus ihr gelernt hat. Komisch – bevor ich mich mit Krisen beschäftigte, wusste ich nicht, dass so viele berühmte Menschen von der Krise im positiven Sinne sprachen. Sie musste also etwas

Gutes haben, was man auch entdecken kann. Ich hatte sicherlich in den letzten sechs Jahren angefangen, diese Entdeckung für mich ganz persönlich zu machen. Und ich war wirklich darauf gespannt, was noch kommen würde.

Doch gerade, als ich mich damit abgefunden hatte, dass mein Weg nun neu beginnen würde, kam die Nachricht, dass mein Insolvenzverwalter es leider noch nicht geschafft hatte, seinen Schlussbericht abzugeben. Dadurch war der Schlusstermin noch nicht anberaumt und die Restschuldbefreiung gar nicht angekündigt. Konnte das wirklich wahr sein? Nachdem ich in der Insolvenzzeit so hart für die Gläubiger gearbeitet und sogar von weniger Geld gelebt hatte, als mir zustand, kam nun das. Was passierte nun? Was musste ich beachten? Und warum konnte das geschehen? Ich begann erneut zu recherchieren und fand heraus, dass es Sache des jeweiligen Gerichts ist zu entscheiden, ob Abtretungen (im Volksmund Pfändungen) auch noch nach Ablauf der sechsjährigen Wohlverhaltensphase gelten. Eine Kontaktaufnahme mit der Kanzlei des Insolvenzverwalters ergab, dass sich bei einer Steuerprüfung eine Rückerstattung von Steuergeldern ergeben hatte. Der Insolvenzverwalter wollte nun warten, bis diese Gelder eingegangen waren, bevor er weitermachte. Im ersten Moment überlegte ich, ob es denn sein konnte, dass man bei gesetzeskonformem Verhalten länger in der Insolvenz hängt. Schließlich werden Straftäter auch allerspätestens nach Ablauf der Strafzeit entlassen, wenn sie nicht schon nach zwei Dritteln der Strafverbüßung wegen guter Führung freikommen. Wie ist es denn möglich, dass eine Schuldnerin nach sechs Jahren bei Wohlverhalten immer noch nicht entlassen wird? Aber nein – auch wenn es so sein sollte, wusste ich, dass das schon einen Sinn haben würde, denn schließlich hatte alles einen anderen Sinn gehabt, als ich es mir dachte. Warum sollte es jetzt auf einmal anders sein?

Und dann, endlich, fast zweieinhalb Monate nach Ablauf der sechsjährigen Wohlverhaltensperiode, bekam ich die Nachricht, dass die Restschuldbefreiung erteilt worden ist. Es war Zeit zurückzublicken und zu überlegen, wozu diese Erfahrung gut gewesen ist. Gelernt hatte ich eines bestimmt: Wenn die Zukunft die Gegenwart wird, ist sie oft nicht so schlimm, wie wir es in der Vergangenheit befürchtet haben! Es gab viele Ängste, die sich nicht bewahrheitet haben. Es gab viele Schwierigkeiten zu überwinden, aber rückblickend konnte ich sagen, dass ich sie doch gemeistert habe. Also vertraue ich einfach darauf, dass es dieses Mal auch so ist. Manchmal kommt es mir so vor, als ob das Universum uns zeigt, dass es unmöglich weitergehen kann, nur um uns dann zu beweisen, dass das nicht stimmt! Und bei mir wird es weitergehen – davon bin ich überzeugt!

Der Spagat zwischen Existenz-
minimum und Scheinwerferlicht –
Neustart als V. I. P.
(Very Intensively Pleite)

Ich denke an meine erste Zeit als Insolventin zurück. Nachdem das Insolvenzverfahren eröffnet und die Firma geschlossen worden war, wollte ich endlich aktiv meine zweite Chance gestalten. Ich hatte für mich beschlossen, nicht über Schuld, sondern über den Lerneffekt dieses Vorgangs nachzudenken. Danach wollte ich handeln. Nur wenn ich schnell wieder auf die Füße käme, konnte ich meinen moralischen und gesetzlichen Pflichten als Schuldnerin nachkommen, nämlich in der Zeit der Insolvenz möglichst viel Geld für die Gläubiger zu verdienen. Deshalb hatte ich auch überlegt, das Wort »Schuldnerin« aus meinem Vokabular zu streichen und durch die Bezeichnung »Insolventin« zu ersetzen. Insolventin hörte sich viel eher so an, als ob man in der Lage wäre, etwas zu lernen und umzusetzen. Es sollte für mich ein Ansporn sein, mein Wissen in meinem neuen »Berufsbereich« zu erweitern und es in der Zeit der Insolvenz erfolgreich anzuwenden. Ja – ich wollte am Ende der folgenden sechs Jahre den Abschluss im erfolgreichen Insolventsein erhalten. Ich hatte beschlossen, dieses Insolventsein ähnlich professionell wie ein Geschäftsprojekt durchzuziehen. »Es ist meine Insolvenz und ich will sie gut machen.« Das war mein Kampfspruch. Also brauchte ich einen Projektplan. Da weit und breit noch kein anderer Job am Horizont aufgetaucht war, wollte ich versuchen, das Thema der Insolvenz gesellschaftsfähig zu machen.

Es ist schon komisch: Von insolventen Menschen erwartet man doch, dass sie aufstehen und in der Insolvenzzeit ihre Pflichten ernst nehmen. Es heißt doch immer, wenn ein Insolventer aufgibt und nichts tut, es sei ihm eben egal, dass er anderen Menschen Geld schuldet. Wenn er aber versucht, eine Arbeit zu bekommen, dann trifft er auf vielfältige Bedenken. Dann heißt es zum Beispiel: »Früher selbstständig – sind Sie sicher, dass Sie sich einfügen können?« oder »Pfändungen (Abtretungen) bis zur Pfändungsgrenze – werden Sie wirklich motiviert arbeiten, wenn Sie auch bei Überstunden immer das gleiche Geld erhalten?« Oft bekommt man die Arbeitsstelle dann gar nicht, weil der Arbeitgeber lieber jemanden nimmt, der »unbelastet« ist. Auch der Weg in die Selbstständigkeit ist sehr schwierig, da man aufgrund der Einträge bei der SCHUFA oft kein Geschäftskonto bekommt. Und eine Tätigkeit, die mit Investitionen verbunden ist, schließt sich von vornherein aus, da man keine Darlehen aufnehmen darf und kann. Was macht aber jemand, wenn er arbeiten und nicht auf dem Amt landen möchte? Kein Wunder, dass viele Menschen einen Betrieb durch jemand anders gründen lassen und dann dort als Angestellter arbeiten. Der Stolz ist angekratzt genug, und dass man dann auch noch selbst Geld kostet, wenn man Menschen Geld schuldet – das kann doch nicht sein, oder? Aber Insolvente sind immer noch oft mit dem Vorwurf behaftet, sie wollten alle ihre Pflichten umgehen. Meine Vorstellungen und das, was »die Gesellschaft« über Insolvente dachte, drifteten weit auseinander. Das Ganze war viel komplizierter, als ich gedacht hatte! Mittlerweile hatte ich erreicht, dass einige Zeitungen über das Thema der Insolvenz allgemein und über meinen speziellen Fall berichteten. So kam es, dass viele Menschen von meiner Insolvenz und von meinen Bemühungen erfuhren, dieses Thema zu entstigmatisieren.

Jeden Tag meldeten sich andere betroffene Menschen bei mir und erzählten von ihren unzähligen Versuchen, wieder aufzustehen. Bei einem Anrufer war es ewig unklar, ob der Betrieb fortgeführt werden dürfte. Ein anderer bekam von seinem Insolvenzverwalter die Auskunft, dass er nicht für ihn, sondern für die Gläubiger zuständig sei. Er könne ihm daher leider nicht mit einer Information helfen, was er in seiner neuen Situation tun dürfe und was nicht. Man könne aber mit einem Partner seiner Kanzlei darüber sprechen – für 150 Euro die Stunde! Der Nächste hatte vierzig Jahre lang ein eigenes Hotel gehabt und sagte, er könne mit allen Restriktionen einer Insolvenz leben, aber nicht mit der Tatsache, dass er keine Aufgabe mehr habe. Das sind nur wenige Beispiele für viele ehrliche Menschen, die zu ihren Fehlern stehen und ihrer Pflicht nachkommen wollten. Sie waren bereit und entschlossen, das Geld für die Insolvenzmasse zu erwirtschaften. Aber es gelang ihnen trotz aller Bemühungen nicht, einer Arbeit nachzugehen. Es schien so, als ob man als Insolventer nur gegen Wände rennt.

Bei uns in England habe ich gelernt, dass man erst dann ein Versager ist, wenn man nach dem Verlieren nicht wieder aufsteht. Aber wie konnte es sein, dass man hier in Deutschland auf so viele Hindernisse stößt? Man wird nicht stark durch den stetigen Blick in die Vergangenheit. Man wird stark, wenn man die Verantwortung für die Zukunft übernimmt und das, was man aus der Vergangenheit gelernt hat, dabei umsetzt. Es sollte für Insolvente möglich sein, dass sie die Verantwortung für ihre Zukunft selber in die Hände nehmen konnten. Wie oft hört man, dass »jemand etwas tun sollte«? Was aber, wenn »jemand« gerade im Urlaub ist? Dann wäre die Verantwortung bei jedem einzelnen Menschen, etwas dafür zu leisten, dass alles anders wird. Viele Menschen hatten mir gesagt: »Liebe Frau Koark, Sie sind doch eine patente Person. Warum sind Sie nicht nach England gegangen? Dort ist das Insolvenzrecht anders und die Entschuldungszeit liegt bei einem Jahr.« Dann erwiderte ich: »Ich habe aber hier auch die guten Zeiten erlebt. Ich habe diese Deutschen lieben gelernt. Und ich wollte hier bleiben, um zu meinen Fehlern zu stehen.« Diese Fragen brachten mich aber zu einem anderen Punkt. Wie oft verlassen wohl Menschen das Land, wenn es schwierig wird? Und welche Folgen hat ein solches Handeln dann letztendlich für die Geschichte? Sind wir nicht in einer Demokratie für die Gestaltung des Landes, in dem wir leben, verantwortlich? Das Wort »Politik« stammt von dem griechischen Begriff »polis« ab, welcher Stadt oder Gemeinschaft heißt. Eine Polis war aber früher eine Bürgergemeinde und gewissermaßen eine Selbstverwaltung und eine Selbstregierung. Alle waren gleich vor dem Recht. Damit ist ein Politiker »für die Stadt« oder vielmehr »für das Volk« verantwortlich. Würde das aber nicht im Umkehrschluss auch heißen, dass die Bürger für die Politiker da sein und mit ihnen so kommunizieren muss, dass diese daraus wichtige Informationen für Veränderung ziehen können? Wenn sie sich dieser Kommunikationspflicht entziehen, wie soll ein Politiker das umsetzen? Sollte man es nun einer britischen Staatsbürgerin in Deutschland erlauben, auch für das Land, in dem sie lebt, da zu sein? Ich hoffte, ja.

Deutschland ist aus englischer Sicht ein besonderes Land. Es hat in der Geschichte bewiesen, dass es mit Schwierigkeiten umgehen kann und dass es in der Lage ist, aus einer Pleite einen Erfolg zu machen – es ist das Land der Trümmerfrauen und des Wirtschaftswunders. Ich konnte einfach nicht glauben, dass den Betroffenen das Wiederaufstehen nach einer Insolvenz ausgerechnet in diesem Land so erschwert wurde. Ja – ich wollte etwas dagegen tun. Es dauerte nicht lange und die Ideen sammelten sich in meinem Kopf und ein Wunsch wurde immer stärker. Ich wollte mich dafür einsetzen, dass auch in Deutschland ein Neustart möglich sein würde, wie er einst dem legendären Walt Disney gelang, der in einer finanziell prekären Situation Micky Maus erfand. Ich dachte an Mark Twain, der seine Schulden durch Vortragsreisen auch in Deutschland abbezahlte, oder an Henry Ford, der erst mit seinem Automobil scheiterte, bevor er dann das Weltunternehmen Ford Motor Company aufbaute. Henry Ford sagte einmal: »Misserfolg ist die Chance, es beim nächsten Mal besser zu machen.« Er muss das wirklich gewusst haben, denn er hat es erlebt. Diese Chance, alles besser zu machen, wollte ich mitgestalten.

Als ich von meinem Vorhaben sprach, sagten mir die Menschen: »Du kannst doch nicht mit der eigenen Insolvenz in die Öffentlichkeit gehen. Du wirst gebrandmarkt und du wirst nie wieder auf die Füße kommen.« Komisch, dachte ich, denn ich hatte immer gelernt, dass man ehrlich sein muss und dass alles möglich ist, wenn man nur an sich glaubt. So viele schlaflose Nächte hatte es in der Zeit gegeben, in der ich gehofft hatte, meine Firma zu retten, und noch mehr schlaflose Nächte in der Zeit, in der ich wusste, dass ich Insolvenz anmelden musste. Weitere schlaflose Nächte, weil ich fürchtete, dass jemand herausbekommen könnte, dass ich insolvent bin, wollte ich nicht mehr durchleben. Und eines war sowieso klar: Wenn ich das Thema der Insolvenz gesellschaftsfähig machen wollte, konnte ich nicht verschweigen, dass ich selber insolvent war. Natürlich wusste ich, was bei einer Insolvenz gerne gesagt wird: »Schon wieder eine, die die Firma gegen die Wand gefahren hat.« Aber irgendwie konnte ich mir nicht vorstellen, dass die Menschen mich damit meinten. Welcher normale Mensch fährt seine Firma mit Absicht gegen die Wand, wenn er weiß, dass er seine Wohnung, seine Ersparnisse, seine Lebensversicherungen und so viele andere Dinge dadurch verlieren wird? Welcher normale Mensch bringt seine Familie absichtlich in die Situation, in der sie sechs Jahre lang von wenig Geld leben und auf vieles verzichten muss?

In Artikel 5 des Grundgesetzes heißt es: »Jeder hat das Recht, seine Meinung in Wort, Schrift und Bild frei zu äußern und zu verbreiten und sich aus allgemein zugänglichen Quellen ungehindert zu unterrichten.« Da wäre es doch gelacht, wenn man nicht auch ungehindert und frei über das Thema des Scheiterns sprechen oder schreiben dürfte! Man muss mit Vernunft an dieses heiße Eisen herangehen – und ohne Vorurteile. Wer sich damit befasst, muss viel darüber wissen. Ich wollte herausfinden, was ich unternehmen konnte, um alles besser und den Neustart leichter zu machen. Durfte ich hoffen, dass mir das gelingen würde? Und wer bin ich, wenn ich nichts mehr habe? Ich musste alles wissen, was ich zu diesem Thema finden konnte, und ein Studium der Bedingungen der Insolvenz war jetzt unerlässlich. Ich wollte ja nicht nur meine Situation vertreten, sondern die gemeinsamen Probleme der Insolventen für alle durchleuchten und zu ändern versuchen. Was ich tun würde, war schon klar – einen neuen Weg gehen. Ich hoffte, dass man mich hörte und dass sich wirklich etwas in der gesellschaftlichen Wahrnehmung des Themas tun würde.

Und wer bin ich? Das ist vielleicht die wichtigste Frage. Denn meiner Meinung nach ist der Mensch das, was er aus sich macht. In uns steckt viel mehr, als wir ahnen. Wenn wir durch eine Krise neu überdenken müssen, was wir sind und wo es hingeht, erfahren wie mehr über unsere Möglichkeiten. Davon war ich überzeugt. Wie Immanuel Kant, der sagte: »Ich kann, weil ich will, was ich muss«, so musste auch ich einen Weg finden, das Thema aufzubrechen. Damit musste ich in die Öffentlichkeit gehen. Kant brachte mich aber auch auf einen anderen Gedanken. Die deutsche Sprache ist manchmal faszinierend, man entdeckt darin immer wieder neue Bedeutungen. So sagt doch der Volksmund: »Der Mensch hat Ecken und Kanten.« Nun wusste ich, wer Kant ist. Aber wer war Eck? Also: Johannes Eck war ein katholischer Theologe und Gegner Martin Luthers. Er lebte von 1486 bis 1543 und hat eine eigene Bibelübersetzung angefertigt, die man die Eck-Bibel nennt. Auch Martin Luther hatte damals die Öffentlichkeit gesucht, um seine Anliegen vorzutragen, und er musste damit leben, dass er Gegner hatte. Vielleicht konnte ich mir ein Beispiel an ihm nehmen. Vielleicht würde ich im Laufe meiner Insolvenz dann auch »Ecken und Kanten« bekommen und das sogar als positiv empfinden.

Ich begann also neben Kinderbetreuung, Arbeitssuche, Bewältigung der ersten Schritte in der Insolvenz mein Projekt und schrieb in drei Wochen ein Buch mit dem Titel »Insolvent und trotzdem erfolgreich«. Nach Abgabe des Manuskripts beim Verlag wartete ich, was passiert. Eine Engländerin schreibt ein Buch auf Deutsch und dann auch noch zu einem Tabuthema. Konnte das gut gehen? Oder würde die Öffentlichkeit das Buch zerreißen? Während ich auf die Antwort auf diese Frage wartete, überlegte ich, was man sonst noch tun könnte, damit das Thema sich bewegt. Und ich kam zu dem Schluss, dass ich dazu Vorträge halten müsste. Konnte ich das überhaupt? Ich hatte in meinem

Leben nur zwei mal öffentlich etwas vorgetragen und wusste nicht, ob es mir liegen würde. Ich hatte aber keine andere Idee, wie ich das Thema in Bewegung bringen könnte. Ich setzte mich also hin und schrieb diverse Wirtschaftsorganisationen und Veranstalter von Events an – ob sie nicht das Thema Insolvenz auf die Tagesordnung setzen und mich sprechen lassen würden. Die Antworten waren vielfältig, aber meistens ablehnend. Häufig hieß es, man kümmere sich nicht um Bauchlandungen, sondern um Wege zum Erfolg. Und in der Tat, wenn man die Vorträge anschaute, die überall angeboten wurden, hatten sie alle den Erfolg im Titel: Erfolg mit Kommunikation. Erfolg mit Controlling. Die Erfolgsgeschichte von ... und so weiter. Komisch, dachte ich. Viele der Menschen, die über den Erfolg sprechen, haben als einzigen Erfolg, dass sie über den Erfolg sprechen dürfen. Ich denke aber, dass man aus den Fehlern anderer doch am meisten lernt. Mithilfe dieses Leitgedankens sind mir viele Selbstverständlichkeiten klar geworden.

Ich erinnere mich da an die erste Woche in meiner Mietwohnung in Deutschland: Ich nahm einfach an, dass die Läden wie bei uns zu Hause samstags ganztägig geöffnet hatten. Für die Deutschen war es damals so selbstverständlich, dass die Läden samstags am frühen Nachmittag schlossen, dass niemand darüber sprach. Also gab es am ersten Wochenende in Deutschland für mich kein Essen! So etwas Ähnliches schien nun wieder zu passieren. Hier gab es zwei verschiedene Haltungen zum Scheitern, die so unterschiedlich waren, dass man nicht darüber sprach. Ich habe erst später erfahren, dass man das hier in Deutschland anders handhabt. Ich hatte einfach, ohne groß nachzudenken, über den Misserfolg gesprochen. Für mich war es selbstverständlich, denn ich hatte ja auch schließlich über den Erfolg sprechen dürfen. Und daher sah ich keinen Grund, warum ich über den Misserfolg nicht sprechen sollte. Zu diesem Zeitpunkt aber schien es in Deutschland ein stilles Abkommen darüber zu geben, dass Misserfolg etwas Ehrenrühriges sei, worüber man nicht spricht. Aber wenn es heißt, dass es ein unternehmerisches Risiko gibt, dann muss es doch möglich sein, darüber zu sprechen, wenn dieser Risikofall eintritt!

Auf meiner neuen Visitenkarte stand »Pleitier«, denn, um es zu präzisieren:

Ein Bankier hat viel Geld.
Ein Privatier hat viel Zeit.
Und ein Pleitier hat sehr viel Erfahrung!

Mit dieser Visitenkarte wollte ich das Thema ins Gespräch bringen. Später hieß es einmal: Die Engländerin kokettiert mit ihrer Insolvenz. Kokettieren ist doch ein herrliches Wort. Das hört sich so an, als ob es ein spaßiges Spiel wäre, insolvent zu sein. Nein, es ist wahrlich nicht lustig, insolvent zu sein – aber ein Tabuthema aufzubrechen, das ist erst recht nicht einfach! Man muss sich etwas einfallen lassen, damit die Menschen anfangen, über das Thema zu sprechen. Die Visitenkarte bewirkte genau das.

Ein erster Vortrag zu dem Thema kam schon im Juli 2003 zufällig zustande. Eine Veranstalterin hatte mich – Ironie des Schicksals – für einen anderen Vortrag über den Erfolg gebucht und ich hatte übersehen, diesen Vortrag abzusagen. Die Veranstalterin bat mich nun, einfach davon zu berichten, was mir passiert war. Ich habe bei dieser Gelegenheit auch gelernt, wie wichtig es ist, über dieses Thema zu sprechen. Viele Leute wussten so gut wie gar nichts darüber, was genau mit einem Menschen passiert, wenn er insolvent wird. Viele Menschen konnten sich nicht vorstellen, dass man wirklich in ein soziales Loch fallen konnte. So etwas schien in Deutschland einfach nicht möglich zu sein. Ständig kreisen die Gedanken der Menschen darum, wer schuld ist, anstatt darüber nachzudenken, wie man Menschen, die es tief getroffen hat, wieder in Bewegung bringen könnte. Ich wollte den Vortrag damals stellvertretend für

»meine« Insolventen halten – all die Menschen, die mich anriefen oder per E-Mail kontaktierten. Ich wollte damit ein Zeichen setzen. Das Thema Insolvenz sollte so gesellschaftsfähig sein, dass man damit öffentlich auftreten konnte. Ich hatte mir vorgenommen, dass ich über dieses Thema aus der Sicht einer Betroffenen sprechen wollte.

Die Mitglieder des Frauenverbandes für selbstständige Frauen, der mich eingeladen hatte, lauschten im Publikum. Ich stand als Vortragende vorne und hatte damit den besten Platz. Ich blickte in Gesichter, die mitfühlten und offensichtlich bewegt waren. Es war so still, dass man eine Nadel hätte fallen hören können. Und mir kam es so vor, als ob das Publikum auch befreit durchatmete. Endlich hatte jemand über das Scheitern gesprochen!

Ich hatte zum ersten Mal diesen Vortrag wirklich gehalten und ich hatte dabei Contenance bewahrt. Es war für mich nicht einfach, über eine der schwierigsten Zeiten in meinem Leben zu sprechen. Die Frauen aus dem Publikum kamen danach auf mich zu. Sie berichteten mir von ihren kleineren und großen Misserfolgen und zeigten sich dankbar dafür, dass es doch möglich war, über diese Dinge zu sprechen.

Der nächste Vortrag ließ ein paar Monate auf sich warten. Ich fragte bei vielen Netzwerken für Selbstständige, Unternehmerverbänden, alteingesessenen, bekannten Männerclubs, Frauennetzwerken und Marketingclubs an. Viele befürchteten, dass ihre Mitglieder nicht gerade begeistert wären, wenn sie das Thema Insolvenz auf die Vortragsagenda nähmen. Ich sagte immer, ich hätte dafür Verständnis, aber vielleicht könne man es nächstes Jahr probieren; ich würde mich wieder melden. Ständig suchte ich nach neuen Gelegenheiten, über mein Thema zu sprechen, und endlich ergab sich eine solche Möglichkeit. Manchmal, wenn man in Bewegung bleibt, entsteht ein Weg, den man vorher nicht sehen konnte. Mein Weg begann damals nach und nach zu entstehen.

Als ich das erste Mal vor einem größeren Unternehmerverband sprechen sollte, wurde ich von einem Veranstalter empfangen, der kreidebleich war. Er erzählte mir, dass er persönlich das Thema sehr wichtig fände. Nun hatte er aber nach Versendung der Einladung zum Vortrag einige Beschwerden bekommen. Der Tenor lautete ungefähr: Um welche Art von Wirtschaftsvereinigung handelte es sich denn hier, wenn sie sich um Misserfolge kümmerte! Innerlich bibberte ich ganz schön, als ich das hörte. Konnte ich es unter diesen Umständen schaffen, das Thema wie geplant herüberzubringen? Schließlich war es gar nicht so lange her, dass ich alles verloren hatte, und das Ganze war auch für mich emotional besetzt. Aber ich hielt tapfer meinen Vortrag. Kaum war ich fertig, da kam schon die erste Frage: Warum ich denn behaupten würde, dass man insolvent und erfolgreich sein könnte. Würde denn »erfolgreich« heißen, dass man keine Schulden mehr hat? Eine gute Frage! Ich denke, dass Erfolg das ist, was wir aus unseren Erfahrungen lernen. Ist es nicht ein Erfolg, wenn ein Mensch wieder aufsteht, wenn es schwierig wird? Dann zeigt sich doch, was wirklich in ihm steckt. Manchmal kommen Eigenschaften zutage, die dann alles in Bewegung bringen. Aldous Huxley, der britische Schriftsteller, sagte einmal: »Erfahrung ist nicht das, was mit einem Menschen geschieht, sondern das, was er daraus macht.« Und ich war fest entschlossen, dies auch zu vertreten. Was erwartet man eigentlich von Menschen, die gescheitert sind? Sollen sie sich hinlegen und aufgeben? Wenn man erwartet, dass sie wieder aufstehen, dann muss man doch akzeptieren, wenn sie genau das tun. Nach dem Vortrag schienen die Menschen sich wirklich mit dem Thema zu beschäftigen. Einige fanden es wichtig, dieses Thema in die Öffentlichkeit zu bringen. Und ich war fest entschlossen, genau das zu tun.

Jede Nacht schrieb ich an neue Adressen, an Unternehmerverbände, Netzwerke und Clubs und fragte an, ob sie mich sprechen lassen würden. Unter den vielen Absagen fand sich ab und zu wieder ein Veranstalter, der den Mut aufbrachte, das Thema Insolvenz ins Programm zu nehmen. Und so häuften sich die Auftritte. Ich setzte mich auch verstärkt mit der Presse in Verbindung. Ich dachte, wenn man ein Thema wirklich in Bewegung bringen möchte, dann muss man noch eine größere Öffentlichkeit dafür finden. Eines Tages schrieb mir jemand auf einen Pressebericht hin: »Warum erlauben Sie sich, das Thema zu vermarkten? Wenn Sie Geld dafür nehmen, dann verkaufen Sie uns Schuldner. Ihnen geht es gut, wenn Sie diese Kontakte haben.« Was sagt man dazu? Ich bin moralisch und gesetzlich dazu verpflichtet, für meine Gläubiger während der sechs Jahre der Insolvenz Geld zu verdienen. Was hätte man gesagt, wenn ich alles kostenlos machen würde? Außerdem sah ich nicht einen Cent von dem Geld für die Vorträge. Meine Auftritte wurden von meinem Verlag abgerechnet. Das Geld floss dann direkt vom Verlag zum Insolvenzverwalter und somit direkt in die Insolvenzmasse. Durch die ganzen Aktivitäten war ich nicht einen Cent reicher – ganz im Gegenteil, ich war genauso pleite wie alle anderen Insolventen und jedes Mal, wenn ich reisen musste, um einen Vortrag zu halten, war das mit viel Organisation verbunden. Wer bleibt bei den Kindern? Wie bereite ich das Essen am Reisetag vor?

Ich beschloss aber für mich, dass die Menschen, die solche Fragen stellten, mich einfach nicht kannten und es daher nicht besser wissen konnten. Auf jeden Fall konnte ich mich nicht mit solchen Bemerkungen aufhalten. Ich musste es schaffen, dass die Bedingungen, unter denen so viele Menschen litten, auch gesehen werden. Ich wollte mir ein Beispiel an Brockhaus nehmen. Friedrich Arnold Brockhaus, der deutsche Verleger und Gründer des Verlagshauses »F. A. Brockhaus«, hatte das Conversations-Lexikon aus einem Konkurs herausgekauft. Später hieß das Werk dann Brockhaus Enzyklopädie. Er ließ sich trotz vieler Schwierigkeiten nicht davon abbringen, das zu tun, woran er glaubte. Er war auch Verleger politisch-zeitkritischer und literaturkritischer

Journale und geriet damals, Anfang des 19. Jahrhunderts, mehrmals in Konflikte mit der Zensur. Brockhaus stand einmal selbst am Rande einer Insolvenz. Komisch, dass man oft so viel über solche bekannten Menschen weiß, aber von den Schwierigkeiten, die sie im Leben gemeistert haben, erfährt man nur, wenn man sie recherchiert. Dabei kann man so viel von denjenigen lernen, die Krisen gemeistert haben. Brockhaus sagte: »Wir müssen als Regel annehmen, dass wir von zwanzig Projekten bei zehn verlieren, bei fünf auf unsere Kosten kommen, bei vier ordentlich und bei einem tüchtig gewinnen.« Vielleicht ist es mit den Menschen ganz genauso. Vielleicht verliert man ein paar Menschen auf dem Weg zum Ziel. Vielleicht erklären einige von ihnen, dass man verrückt ist. Aber wenn man von zehn Menschen vier einigermaßen überzeugen und dann auch noch einen gewinnen kann, dann haben wir schon etwas in Bewegung gesetzt. Niemand hat gesagt, dass die Gesellschaft sich über Nacht verändern würde.

Jedes Mal, wenn ich für einen Vortrag auf die Bühne ging, dachte ich mir: Hoffentlich verstehen die Menschen, was ich sagen möchte. Hoffentlich stellen sie mir viele Fragen, damit ich noch mehr erklären kann. Es heißt doch, man solle vorsichtig sein, was man sich wünscht, denn es könnte in Erfüllung gehen. Eines Tages, ich war mit einem Vortrag gerade fertig, stand ein Zuhörer auf und wandte sich an mich. Er fragte, welches Recht ich zu haben glaubte, mich frecherweise in der Öffentlichkeit zeigen zu dürfen. Er hätte in seiner Firma 380.000 Euro an Außenständen durch solche Menschen wie mich. Der Veranstalter wollte mich in Schutz nehmen. Ich signalisierte, dass er den Mann reden lassen sollte. Irgendwie war ich diesem Menschen sehr dankbar. Erstens herrscht in allen freien Ländern der Welt und damit auch in Deutschland Meinungsfreiheit. Dieser Mann hatte eine Meinung und damit auch das Recht, diese zu äußern. Er war scheinbar auch extra zur Veranstaltung gekommen, um das zu tun. Und zweitens: Wer weiß, wie viele Menschen sich insgeheim die gleiche Frage stellten und schwiegen. Nur wenn jemand seine Meinung äußert, habe ich die Chance, mit ihm ins Gespräch zu kommen und ihm zu erklären, wie ich es sehe. Ich sagte dem Mann, dass ich gerne eine Gegenfrage stellen würde. Diese lautete: »Wenn Sie in einem Monat aufgrund der 380.000 Euro an nicht bezahlten Rechnungen Insolvenz anmelden müssten, wie würden Sie diese Frage beantworten?« Er überlegte und sagte, dass er diese Frage dann als unfair empfinden würde. Schließlich sei er in diesem Fall nur deswegen in diese Situation geraten, weil andere Menschen ihm Geld schuldeten. Ich sagte ihm, dass auch ich auf Geld von anderen Menschen gewartet hatte, die ihrerseits Insolvenz anmelden mussten, dass ich aber auch ehrliche Fehler gemacht hatte, die zu meiner Insolvenz führten. Ehrliche Fehler sind für mich Fehlentscheidungen, die sich im Nachhinein als solche herausstellen. Er bedankte sich für die Antwort und sagte nichts weiter. Später, als ich mich nach der Veranstaltung mit anderen Menschen unterhielt, kam er auf mich zu und verabschiedete sich mit den Worten: »Liebe Frau Koark, ich weiß nicht, ob ich Ihrer Meinung bin. Ich gehe aber mit einem Fragezeichen im Kopf nach Hause.« Dieser Mann hatte wirklich Größe und ist mir in all den Jahren nicht aus dem Kopf gegangen. Mit jeder Begegnung habe ich gelernt, dass ich noch mehr erzählen muss und dass mein Thema sehr komplex ist und von allen Seiten betrachtet werden muss. Ich beschloss damals sofort nach meiner Rückkehr, alles, was ich geschrieben hatte, noch einmal mit dem Blick eines Gläubigers anzuschauen. Scheinbar hatte man angenommen, da ich Insolventin bin, sei ich Gläubigern gegenüber negativ eingestellt. Das war und ist nicht so. Mit meinem Ziel, das Thema Insolvenz zu entstigmatisieren, wollte ich es Insolventen ermöglichen, dass sie auch im Interesse der Gläubiger schnell wieder aufstehen und ihren Beitrag leisten können. Das musste ich wohl deutlicher herausarbeiten.

Mein Plan, den ich immer wieder verfeinern musste, sah in Kürze so aus: Ich wollte eine Kultur des Scheiterns erkämpfen, in der das Wiederaufstehen möglich ist, ich wollt eine Entstigmatisierung des Scheiterns erreichen. Ich wollte außerdem auf Lücken im Gesetz und in der gesellschaftlichen und wirtschaftlichen Handhabung der Insolvenz hinweisen. Ich musste aber lernen, das Thema genauer und verständlicher für alle Beteiligten darzustellen. Emotional, wie ich manchmal war, hatte ich sicher einiges zu erwähnen vergessen, was für die Zuhörer wichtig war. So war jeder Vortrag, jede Frage aus dem Publikum, jedes Gespräch nach jedem Vortrag für mich eine große Schule, in der ich wahnsinnig viel von den anderen lernen konnte.

Und dann fingen die Medien an, sich für das Thema zu interessieren. Ich hatte zwar jeden Tag Gott und die Welt angeschrieben, aber bis zu diesem Zeitpunkt war die Resonanz nicht besonders groß gewesen. Und nun bekam ich eine Einladung in eine sehr bekannte Talkshow. Einerseits freute ich mich. Ich hatte mittlerweile durch den Verein, den ich mitgegründet habe, und die vielen Gespräche mit betroffenen Menschen eine solche Not kennengelernt, von der ich Gott sei Dank in dem Maß verschont geblieben war. Ich wollte Mut spenden und darauf aufmerksam machen, dass diese Menschen eine zweite Chance brauchen. Dafür wäre ein Fernsehauftritt eine gute Gelegenheit. Andererseits bekam ich es richtig mit der Angst zu tun. Wie ist es wohl, in einem Fernsehstudio zu sein? Kameras habe ich noch nie gemocht, und nachdem ich so viel zugenommen hatte, befürchtete ich, dass ich im Fernsehen wie Buddha persönlich aussehen würde. Würde ich ins Stottern geraten? Würde mir noch einfallen, was ich sagen wollte, wenn ich, total aufgeregt, eine große Gesprächsrunde im Studio verfolgen musste? Was sollte ich anziehen? Ich hatte überhaupt nichts mehr, was mir passte. Schnell rief ich eine Freundin an, ob sie mir etwas für die Sendung leihen könnte. Die Sendung sollte zwei Tage vor meinem Geburtstag aufgezeichnet und an meinem Geburtstag gesendet werden. Letztendlich fuhr ich bibbernd vor Aufregung hin. Ich wurde vom Bahnhof abgeholt und in ein Schlosshotel gefahren.

Es war schon leicht absurd: Ich, die Insolventin, die jeden Monat froh war, wenn sie die Miete berappen konnte und von 200 Euro im Monat leben musste, sollte tatsächlich in einem Schlosshotel übernachten? Hoffentlich würden sie an der Rezeption nicht nach einer Kreditkarte zur Absicherung der Minibar fragen, denn ich hatte ja keine Kreditkarte mehr. Als ich auf dem Zimmer sah, wie viel das Wasser kostete, hoffte ich, dass das Leitungswasser nicht in Rechnung gestellt wird. Das ist für eine Insolventin ein Ausflug in eine andere Welt. Ich kam mir vor wie Alice im Wunderland, die in einer traumartigen Welt landete, in der es ziemlich widersprüchlich zuging.

Es sollte am frühen Abend ein Treffen mit dem Moderator geben, und dann würden die Gäste zum Aufnahmeort der Talkshow gefahren. Ich hatte mir vorher überhaupt keine Gedanken darüber gemacht, wer die anderen Gäste sein könnten. Ich nahm an, dass es auch genauso unbekannte Menschen sein würden. Ich war wie immer zu früh am Treffpunkt, und je länger ich wartete, desto nervöser wurde ich. Auf einmal tauchte jemand auf, begrüßte mich und setzte sich hin. Dann dämmerte es mir. Diese Frau, die nun am Tisch saß, war eine sehr bekannte Schauspielerin. Sie hatte in etlichen Fernsehserien mitgespielt. O Gott! dachte ich, alle anderen sind wahrscheinlich Profis. Die Schauspielerin war sehr nett, und wir unterhielten uns, bis alle Gäste und der Moderator eintrafen. Als wir nach der Vorbesprechung mit den Redakteuren in Bussen zum Aufnahmeort fahren sollten, fragte mich die Schauspielerin, ob ich denn nicht mit ihr mitfahren wollte. Sie würde gleich nach der Aufnahme für einen Auftritt in die Schweiz fahren und deshalb hatte sie ihr Auto dabei, ein schickes Cabriolet. Sie fragte, ob sie das Dach aufmachen sollte, und ich erwiderte: »Und wenn es schneit, würde ich mich darüber freuen.« Irgendwie wurde es immer komischer. Nun saß die Insolventin, die im Schlosshotel übernachten sollte, auch noch in einem teuren Cabriolet. Wenn irgendjemand mich vor der Sendung in diesem Auto gesehen hätte, hätte kein

Mensch geglaubt, dass ich insolvent bin. Wir unterhielten uns köstlich. Die Schauspielerin hatte trotz ihres großen Namens die Bodenhaftung nicht verloren. Sie hatte außerdem sehr viel Humor. Als wir ankamen, ließ sie mir den Vortritt bei der Maske und ging in der Zeit spazieren. Ich war in meinem Leben noch nie bei einer Kosmetikerin gewesen. Die nette Visagistin machte mir das Gesicht und dann auch noch die Haare. Ich hätte wirklich schmunzeln können – denn welche Insolventin kann sich nun eine Kosmetikerin leisten? Schlosshotel, Cabriolet, Schminkstunde! Was würde denn als Nächstes kommen? Kaum war ich geschminkt, sollten wir ein gemeinsames Foto mit dem Moderator machen lassen. Als ich das Studio sah und begriff, dass auch noch Live-Publikum dabei war, sank mein Herz in die Hose. Um Gottes willen dachte ich – Fernsehen und Publikum! Es wird immer schlimmer. Allmählich verfiel ich innerlich in Panik. Hatte ich mir dieses Mal zu viel zugemutet? Neben mir stand die Sängerin Barbara Clear. Sie grinste mich freundlich an und sagte ganz leise: »Du hast Angst – nicht wahr? Ich flüsterte zurück: »Ja und wie.« Barbara Clear ist eine unabhängige deutsche Folk-Rocksängerin und hat einmal die Olympiahalle in München auf eigene Kosten gebucht. Es sind damals Tausende von Menschen gekommen. Ein kleines Bündelpaket an Mut! Sie machte an der Bar ihr Interview mit dem Moderator und dann kam er zu uns anderen Gästen, die auf dem Sofa saßen. Die Talkrunde ging los, und ich konnte förmlich mein Herz in den Ohren hören. Auf einmal schaute ich zur Kamera und direkt darunter war Barbara Clear. Sie ist in die Hocke gegangen, und jedes Mal, wenn ich sprach, zeigte sie mit den Daumen nach oben. Das machte richtig Mut. Diese gebündelte Freude unter der Kamera zu sehen hat mich beeindruckt. So viel erreicht und so viel Menschlichkeit!

Das ist es, was das Leben reich macht. Und während ich sprach, dachte ich an all die Betroffenen, die verzweifelt zu Hause auf dem Sofa sitzen, weil sie die Insolvenz nicht abwenden konnten. Zu diesen Menschen sprach ich. Das ging viel leichter, denn dann ging es nicht mehr um mich, sondern um sie, für die ich so viel erreichen wollte. Ich hoffte, dass sie Mut fassen würden. Sie sahen, dass eine Insolventin ins Fernsehen eingeladen wurde und dass sie von allen Talkgästen ganz normal behandelt wird. Hoffentlich würden all die Menschen, die bislang immer gedacht hatten, dass Insolventen nur Kriminelle oder Nichtskönner wären, noch einmal darüber nachdenken, wenn sie sehen, wie schnell man selber in eine solche Situation geraten kann. Mittlerweile wusste ich, dass die häufigsten Gründe für Überschuldung Arbeitslosigkeit, Trennung/Scheidung/Tod des Partners, Krankheit, gescheiterte Selbstständigkeit, unwirtschaftliche Haushaltsführung (Leben über die Verhältnisse) und gescheiterte Immobilienfinanzierung sind. Ein Leben über die Verhältnisse macht laut Bericht des Statistischen Bundesamtes vom 21. Oktober 2008 lediglich 8,6 Prozent der Überschuldungen aus. Es war wirklich an der Zeit, dass das Thema der Überschuldung in der Öffentlichkeit anders dargestellt wird, und ich hoffte sehr, dass ich stellvertretend für alle den Impuls gesetzt habe, wenigstens darüber nachzudenken.

Nach der Sendung lud uns der Moderator in ein Superrestaurant ein, und mein Alice-im-Wunderland-Gefühl war wieder da. Am nächsten Tag fuhr ich dann nach München zurück und schaute im Kühlschrank nach, was wir für das Wochenende noch zu essen hatten. Ich rechnete hin und her, was ich mir leisten konnte. In diesem Moment habe ich beschlossen, dass ich nun zum V. I. P. mutiert bin, und von nun an hieß V. I. P. für mich Very Intensively Pleite. Ich wollte mich einfach ständig daran erinnern, dass ich ein ganz normaler Mensch und genauso pleite bin wie alle anderen in meiner Situation.

Ich habe schon oft überlegt, warum das Wort »Scheinwerfer« so heißt. Diese Lichter werfen viel Schein auf die Personen, die da sitzen. Mit dem Scheinwerfer ist oft das Sein weg. Die Menschen vergessen häufig, einfach das zu sein, was sie sind, und versuchen einen Schein zu wahren. Sie scheinen zu meinen, dass sie, wenn sie im Fernsehen sind, etwas darstellen müssen. Es heißt wahrscheinlich daher nicht »Sein-Werfer«, sondern »Schein-Werfer«. Was bedeutete das für mich? Könnte ich im Scheinlicht des Scheinwerfers auch vergessen, das zu sein, was ich bin? Sozusagen mehr Schein als Sein? Nach dem Verlust so vieler Dinge in der Insolvenz wollte ich aber nicht auch noch das Sein verlieren. Von nun an wollte ich mich wirklich jeden Tag daran erinnern, dass ich V.I.P. im »Sein-Werfer-Licht« bin, in dem es darauf ankommt, echt zu sein und sich nicht von irgendwelchen Auftritten beirren zu lassen. Diesen Spagat zwischen dem Insolventsein und dem In-der-Öffentlichkeit-Sein würde ich sicherlich so am besten organisiert bekommen. Es gab nur diesen Weg, denn ohne ein Gesicht würde die Insolvenz für immer nur ein theoretisches Thema bleiben und die Menschen, die dahinterstecken, würden nie gesehen werden.

Ich hoffte sehr, dass ich in einer Gesellschaft lebe, in der die Menschen zählen. So hatte ich Deutschland kennengelernt. Das ist ein Land, wo das Mitgefühl und Mitdenken wichtig sind. Das ist ein Volk der Veränderung. Nirgendwo anders auf der Welt war es gelungen, Mauern niederzureißen. Ich vertraute darauf, dass dieses Land in der Lage ist, auch die Mauern im Kopf niederzureißen, wenn es sie erkennt. Damals, 1989, hatte man sich nicht darum gekümmert, dass die Menschen, die frei sein wollten, nicht viel hatten. Damals zählte alleine die Tatsache, dass es Menschen sind, die zu uns gehören. Und ist es nicht so, dass jeder in unserer Gesellschaft zu uns gehört? Ich war sicher, dass das so ist.

Nach der Ausstrahlung der Sendung habe ich mir dann meine E-Mails angeschaut. Eine Frau beschwerte sich bitterlich darüber, dass ich im Fernsehen in einem »Markenanzug« gesessen und wahrscheinlich ein Riesenhonorar bekommen hätte. Sie warf mir vor, dass ich auf Kosten der wirklichen Insolventen leben würde. Der Hosenanzug war geliehen. Ein großes Honorar für einen Auftritt im Fernsehen bekommt man vermutlich nur dann, wenn man berühmt ist und die Einschaltquoten der Sendung erhöht. Zuerst schluckte ich, weil ich dachte, dass ich alles verfehlt hätte, was ich erreichen wollte. Aber dann schaute ich alle anderen E-Mails an: So viele Betroffene bedankten sich bei mir dafür, dass ich das Thema vertreten hätte. Noch mehr Menschen suchten menschliche Hilfe. Einige, die gar nicht selbst betroffen waren, stellten einfach Fragen, die in der Sendung nicht behandelt wurden. Ich war erleichtert. Ich lebte also doch in einem Land, in dem Menschen zählen!

Aber irgendwie musste es noch mehr geben, was ich tun konnte, damit das Thema sich bewegt. Ich beschloss, mich direkt an Politiker zu wenden. Ich wollte mit ihnen besprechen, wie die gegenwärtige Regelung der Insolvenz den Neustart behindert. Jede Nacht habe ich mich vor den PC gesetzt, die E-Mail-Adressen recherchiert und geschrieben. Ich hoffte einfach, dass ich gehört würde. Als ein »Niemand« Politiker anzuschreiben ist gar nicht so leicht. Es ist nicht sicher, ob man überhaupt eine Antwort erhält. Bis es tatsächlich so weit war und ich »auf Augenhöhe« mit den politisch Verantwortlichen sprechen konnte, lag noch ein weiter Weg mit zahlreichen Umwegen und Zwischenstationen vor mir. Aber ich musste mir einfach weiter Gedanken machen, wie ich das Thema breiter streuen konnte. Viele Menschen meinen, so wie man denkt, so wird es dann auch kommen. Wenn das stimmt, sollten wir unsere Gedanken trainieren, das Richtige zu denken. Ich überlegte, woher das Wort »Gedanke« stammt. Die Geschichte des Wortes Dank ist wie folgt: althochdeutsch »thanc«, mittelhochdeutsch »danc«, mittelniederdeutsch »dank«. Diesen Ursprung teilt das Wort Gedanke. Es hat demnach auch etwas mit »danken« zu tun. Das englische Wort »Thank« ist auch eins der deutschen Wörter in der englischen Sprache. Ich war aber wirklich sehr dankbar, dass das Thema sich allmählich bewegte. Ich hielt immer mehr Vorträge und ein Gedanke setzt sich allmählich fest, der mir so wichtig war: Man darf verlieren, darf aber auch wieder aufstehen. Wenn man Gedanken umsetzt, dann gibt es sehr viel, für das man dankbar sein darf. Ich war dankbar, dass ich sprechen durfte.

Der heilige Franziskus von Assisi, der Patron der Armen, Schiffbrüchigen, Kaufleute und der Sozialarbeiter, sagte einmal: »Tu erst das Notwendige, dann das Mögliche, und plötzlich schaffst du das Unmögliche.« Notwendig ist, dass wir unsere Gesellschaft genau anschauen, um zu sehen, was geändert werden muss. Möglich ist, dass jeder sein Bestes versuchen kann, damit sich das, was uns nicht gefällt, ändert. Aber unmöglich ist doch alles, woran wir nicht glauben oder was wir für nicht umsetzbar halten. Viele Sachen hält man für unmöglich, bis man sie einfach macht. Es war immer noch notwendig, viele Menschen anzuschreiben, um an Vorträge zu kommen. Aber die Vorträge waren immer besser besucht. Es gab mittlerweile sogar Veranstaltungen, an denen Politiker teilnahmen. Ich wollte diese Möglichkeit nutzen, ich wollte mit ihnen darüber sprechen, welche gesellschaftlichen Hindernisse mit einer Insolvenz verbunden sind. Die Insolvenz war so etwas wie der bürgerliche Tod, jedenfalls behandelte man das Thema so. Von einem Toten konnte man doch eigentlich nicht erwarten, dass er aufsteht und etwas tut, oder? Ich wollte den Politikern die Angst der ehrlichen Insolventen zeigen. Ob es wohl möglich war, dass sie begriffen, wie ausgeliefert diese Menschen sich fühlten? Ob es möglich war, dass sie mit am Stigma des Scheiterns arbeiteten? Es ist für unsere Wirtschaft und unsere Gesellschaft wichtig, dass diejenigen, die etwas versuchen und verloren haben, eine zweite Chance bekommen. War es möglich, dass sich diese Erkenntnis durchsetzt? Nicht alle Insolventen sind Kriminelle, Nichtskönner, Verantwortungslose oder Menschen, die über ihre Verhältnisse leben – würde man das irgendwann anerkennen? All das wusste ich nicht, aber ich wusste, dass ich wenigstens versuchen wollte, meine Sicht darzulegen.

Eines Tages war eine interessante neue Nachricht auf meinem Anrufbeantworter. Ich solle nach Berlin kommen. Ich sei für einen Business Award nominiert. Ich rief zurück und teilte mit, ich könne nicht nach Berlin kommen. Ich sei insolvent und könne die Fahrtkosten nicht tragen. Wenn ich irgendetwas gewinnen würde, dann würde ich mich sehr freuen, wenn es mir zugeschickt würde. Im Inneren überlegte ich: Sind Business Awards eigentlich pfändbar? Kurz darauf rief mich die Veranstalterin zurück. Sie hatten eine Möglichkeit gefunden, dass ich privat in Berlin übernachte, und sie würde mir eine Fahrkarte schicken. Auf dem Weg überlegte ich, warum ich eigentlich eingeladen war. Eine Insolventin gewinnt einen Business Award, das ist doch unmöglich! In Berlin erfuhr ich, dass fünf Frauen nominiert waren – eine Frau toller als die andere. Jede Frau hatte ein besonderes Business gegründet, zum Beispiel eine spezielle Kindertagesstätte oder eine Wirtschaftsakademie. Im Publikum saßen Vertreterinnen fast aller Frauennetzwerke in Deutschland und ein paar sehr erfolgreiche Geschäftsfrauen, die über Jahrzehnte bekannte Unternehmen geführt oder sie aufgebaut hatten. Jede der Nominierten sollte sich kurz vorstellen, und dann zogen die Frauen sich zurück, um in einer geheimen Abstimmung zu ermitteln, wer diesen Business Award bekommt. Meine Favoritin war die Frau mit der Wirtschaftsakademie. Sie hatte eine sehr sympathische Ausstrahlung und aus dem Nichts ein wundervolles Unternehmen aufgebaut. Als die Frauen zurückkamen, saß ich ganz hinten und drückte ihr die Daumen. Doch dann wurde das Ergebnis verkündet. Die Gewinnerin des Lady Business Awards ist: Anne Koark. Ich konnte es nicht fassen. Man sagt den Briten nach, dass sie Humor haben. Aber einer Insolventin einen Lady Business Award zu verleihen – ganz ohne Business –, das musste doch deutscher Humor sein!

Dann sah ich den Preis: einen knallroten Bürostuhl! Nun kamen mir die Tränen. Mein Bürostuhl zu Hause hatte nämlich nur noch eine halbe Sitzfläche. Ja, der heilige Franziskus hatte recht. Plötzlich kann man das Unmögliche schaffen. Ohne Geld hatte ich es nämlich geschafft, meinen Bürostuhl zu ersetzen und dabei einen Business Award zu gewinnen – ohne Business! Ich konnte nun anderen Betroffenen davon erzählen, dass die Gesellschaft doch in der Lage ist, uns Gefallene zu akzeptieren, wenn wir wieder aufstehen. Nun musste ich nur noch klären, wie ich den Stuhl von Berlin nach München transportieren sollte. Auf einem Bürostuhl nach München rollen, das würde doch ein wenig verrückt aussehen. Und einen solchen Stuhl bei der Fluggesellschaft abzugeben ist sicher auch teuer. Als Insolventin konnte ich mir den Transport meines Preises nicht leisten und zurücklassen wollte ich ihn nicht, meinen nagelneuen Bürostuhl. Aber auch für dieses Problem fand sich eine Lösung: Ich hatte vor meiner Anreise mit dem Vorsitzenden eines großen Selbstständigen-Verbandes gesprochen, der in Berlin ansässig ist. Wir hatten vereinbart, dass wir uns auf ein Kaffee treffen, wenn ich in der Stadt war. Er bot mir an, mir den Stuhl zu schicken. Ein paar Tage später traf also der nagelneue rote Bürostuhl bei mir zu Hause ein und ich konnte von nun an stolz auf meinem Business Award sitzen!

Ich hatte mir auch überlegt, dass es sinnvoll wäre, sich mit den Universitäten in Verbindung zu setzen. Dort gibt es viele Professoren, die forschen, und es gibt sehr viele Studenten, die sich später selbstständig machen. Sie sollten möglichst nicht die gleichen Fehler machen, die ich und andere gemacht haben. Vielleicht konnten sie davon profitieren, wenn man auch mit ihnen über das geschäftliche Scheitern diskutiert. Vielleicht könnte ich die forschenden Professoren mit Informationen aus Sicht eines Insolventen versorgen, die dann in ihre Wirtschaftsanalysen einfließen könnten. Vielleicht würde das helfen, dass das Thema ein Thema wird. Ich weiß nicht, wie viele Universitäten mir schon geschrieben hatten, dass das Thema nicht interessant für sie sei, als ein Artikel über mich in einer großen Wochenzeitung erschien. Daraufhin bekam ich eine Einladung, bei einer Startveranstaltung der MBA-Studenten in St. Gallen zu sprechen. Der Titel der Veranstaltung war super. Er lautete: »Erfolgreiches Scheitern«. Über 300 Studenten kamen zusammen. Sie nahmen die Themen wirklich gut auf und stellten in der Mittagspause sehr viele Fragen. Sie arbeiteten mit Open Space, das ist ein Verfahren, bei dem die Teilnehmer eigene Ideen und Anregungen zum Hauptthema ins Plenum geben, zum Beispiel: Scheitern im Studium, Scheitern von Beziehungen, Scheitern von Ländern, soziales Scheitern ... Für mich war es absolut faszinierend zu sehen, wie sie mit dem Thema umgingen. Sie berichteten, es sei das erste Mal, das man in ihrer Laufbahn über das Scheitern sprach. Es wirkte irgendwie befreiend und zugleich lernte ich von ihnen unheimlich viel, denn der Blick für das Ganze war erstaunlich umfassend. Aber wenn man etwas wagt und dabei scheitert, hat man trotzdem einen Gewinn zu verzeichnen – einen Gewinn an Erfahrung und auch an gelebtem Wissen. Nichts riskieren dagegen heißt einen nicht abschätzbaren Verlust auf sich nehmen – den Verlust des Gewinns, den das Wagnis möglicherweise eingebracht hätte. Diese Studenten faszinierten mich. Sie hatten überhaupt keine Berührungsängste mit dem Thema, und sie begaben sich sofort auf die Suche nach dem Lerneffekt des Scheiterns. Auch mit den Ursachen beschäftigten sie sich, denn sie spielen eine große Rolle. Wie schade, dass das im Gesetz nicht auch berücksichtigt wird! Ich bin später noch bei vielen universitären Veranstaltungen gewesen und das hat mein Wissen über das Scheitern sehr bereichert. Ich lernte genauso viel im Austausch mit den Menschen wie sie von mir. Die sechs Jahre meiner Insolvenz waren für mich wie ein spezielles Studium.

Nach der Veranstaltung in St. Gallen wollte ich kurz meine Tasche holen und bin tief in Gedanken an diesen wundervollen Tag mit diesen aufgeschlossenen Menschen durch den Raum gegangen. Dabei übersah ich eine kleine Stufe, fiel hin und verstauchte mir den Fuß. Einige Leute rannten auf mich zu, um mir zu helfen. Als ich dann sagte: »Danke, es ist nicht schlimm, schließlich bin ich Expertin für das Wiederaufstehen«, lachten sie mit mir. Und ich dachte, jetzt habe ich doch einen neuen Titel für mich. Ich bin nicht nur Insolventin, nicht nur Pleitier, sondern nun auch Expertin für das Scheitern.

Ich habe auch einmal einen anderen »Experten für das Scheitern« getroffen, von dem man es aber auf den ersten Blick nicht vermutete. Ich war damals zur Jahresversammlung eines Selbstständigen-Verbandes eingeladen, dieses Mal als Mitglied und nicht als Vortragende. Es waren über 600 Menschen im Raum, als ein sehr erfolgreicher Unternehmer, der sein Unternehmen einige Jahre zuvor verkauft hatte, über das Thema Motivation referierte. Er war faszinierend und mitreißend und sprach mit Leidenschaft über das Geschäft. Er hatte als Zwanzigjähriger das Familienunternehmen übernehmen müssen, weil der Vater plötzlich und unerwartet starb. Mitten im Fluss der Rede schimpfte er über die Menschen, die insolvent werden. Ich nahm mir vor, ihn darauf anzusprechen. Später ging ich auf ihn zu und sagte ihm, dass sein Vortrag absolut spitze gewesen sei – bis auf den Teil über die Insolventen. Ich sei insolvent und würde gerne in Ruhe mit ihm darüber reden. Er zückte seine Visitenkarte und bat mich, mich per E-Mail bei ihm zu melden. Ein paar Wochen später trafen wir uns, und ich fragte ihn, ob er denn nicht auch Krisen in der Firma gehabt hätte. Er bejahte. Ich fragte ihn, warum er nicht darüber reden würde. Er sagte, dass er nie darüber nachgedacht hatte, das zu erzählen. Ich versuchte ihm zu erklären, dass es vielen Menschen Mut machen würde, wenn er es täte – sonst entstehe immer nur der Eindruck, andere würden es ganz ohne Krisen schaffen. Ich fragte ihn auch, wie ihm das gelungen war: die Firma mit 20 Jahren zu übernehmen, ganz ohne Einarbeitung. Er sagte, er hätte abends die Wirtschaftsschule besucht und sich intensiv mit vier Pleiten beschäftigt, damit ihm das nicht passierte. Ich freute mich riesig, denn da hatten wir ein gemeinsames Feld gefunden. Ich erzählte ihm von »meinen Insolventen«, von all den Betroffenen, die sich isolierten, und von den anderen Menschen, die das Thema Insolvenz wie eine ansteckende Krankheit mieden. Sein Schlüssel zum Erfolg aber funktionierte doch genau andersherum. Er hatte der Angst in die Augen geschaut und analysiert, wie das alles passiert. Das könnte vielen Menschen helfen. Das Gespräch war gut – und hatte noch ein Nachspiel, von dem ich damals noch nichts ahnte.

Später im gleichen Jahr bekam ich einen Anruf aus Berlin. Ich sei für einen Preis nominiert und solle in die Hauptstadt kommen. Irgendwie hatte ich das schon einmal gehört! Ich sagte, ich könne nicht nach Berlin kommen, aber ich würde mich sehr freuen, wenn jemand den Preis für mich entgegennehmen würde, sollte ich etwas gewinnen. Die Situation kam mir vor wie in dem Film »Und täglich grüßt das Murmeltier«, in dem sich alles immer aufs Neue wiederholt. Im Englischen heißt der Film: »Groundhog day«. »Groundhog Day« wird jährlich an verschiedenen Orten in den USA und Kanada an Lichtmess, dem 2. Februar, gefeiert. Man macht an diesem Tag eine Voraussage, wie lange der Winter wohl noch dauern wird. Die Murmeltiere werden aus ihrem Bau gelockt. Wenn das Murmeltier einen Schatten wirft, soll der Winter angeblich noch weitere sechs Wochen andauern. Na, vielleicht ist dieser Gedanke gar nicht so blöd. Vielleicht wiederholt sich alles so lange, bis der Winter der Insolvenz ein sichtbares Ende hat. Komisch, dass es beim Murmeltier genau sechs Wochen sind und bei der Insolvenz genau sechs Jahre! Aber ich schweife ab. Auf jeden Fall organisierte es der Bund der Selbstständigen, der mich für den Preis vorgeschlagen hatte, dass ich nach Berlin kommen und an dem Galaabend teilnehmen konnte. Ich musste nur von irgendwoher ein Abendkleid organisieren. Einen langen Rock hatte ich und wenn ich nicht versuchte, den Reißverschluss ganz zuzuziehen, würde das gehen. Ein passendes Oberteil dazu konnte ich mir von einer Freundin leihen; es war lang genug, dass man den offenen Reißverschluss nicht sah. Was würde wohl die Frau dazu sagen, die mich im »Designer-Hosenanzug« im Fernsehen sah, wenn sie mich nun im Abendkleid entdecken würde? Egal – Abendgala ist Abendgala und ich sah es als meine Pflicht an, dort standesgemäß zu erscheinen. Abends saß ich dann am Tisch und alle Unternehmerpreise waren schon verliehen. Es wurde ein Film gezeigt, in dem ein Bergsteiger auf einen Berg kletterte. Das konnte nun überhaupt nichts mit mir zu tun haben. Schließlich bin ich eine Sesselsportlerin, die schon beim Sportzuschauen schwitzt. Aber dann kam ein Mann auf die Bühne, mit einem anderen Preis in der Hand. Er zitierte den Unternehmer, den ich kurze Zeit zuvor getroffen hatte, mit dem Ausspruch: »Es ist nicht wichtig, wie man hinfällt. Wichtig ist es, dass man daraus lernt und wieder aufsteht.« Darüber freute ich mich sehr, denn ich wusste nun, dass unser Gespräch auch ihn beeindruckt hatte und dass dieser Mann ein Ehrenmann war. Schließlich hatte er mir versprochen, über die Krisen zu sprechen! Und dann hörte ich – wieder einmal gänzlich unvorbereitet – auf einmal meinen Namen. Gewinnerin des Sonderpreises beim Großen Preis des Mittelstandes von der Oskar-Patzelt-Stiftung ist: Anne Koark. Plötzlich war es mir aber auch peinlich. Ich dachte an all die Leute, die unter so vielen Schwierigkeiten den Mut hatten, nach vorne zu denken und wieder aufzustehen – und man zeichnet nur mich aus. Ich nahm den Preis, einen Glasobelisk, im Namen dieser Menschen an. Hoffentlich würden viele Betroffene das lesen und Mut schöpfen. Dann schaute ich den Obelisk an. Eingelasert war ein nackter Mann – ein Oscar! Ich habe mich natürlich nicht getraut zu sagen, dass sich jede Frau einen solchen Preis wünschen würde, wenn sich das herumspräche. Manchmal ist der englische Humor nicht in jeder Situation ganz so passend! Dieser Preis war ein Zeichen dafür, dass diese Stiftung, die sich intensiv mit dem Mittelstand beschäftigte, das Thema für wichtig hielt. Schließlich hatte ich gelesen, dass die meisten Insolvenzen in Betrieben mit bis

zu 20 Mitarbeitern stattfänden. Vielleicht konnten die Mittel-
standsvereinigungen auch etwas bewegen, sodass die zweite
Chance nach der Insolvenz möglich wird.

Manchmal kam ich mir vor, als ob ich in einem Roman leben
würde. Alles, was passierte, war so ungewöhnlich, dass ich mir
hätte einbilden können, ich hätte es irgendwo gelesen. Aber
vielleicht machen wir einen Roman aus unserem Leben, wenn
wir etwas daraus gestalten, das wir selber vorher nicht voraus-
sehen können. So zumindest erging es mir. Ende des Jahres 2005
bekam ich eine Nachricht von der EU-Kommission: Generaldi-
rektion Unternehmen und Industrie. Sie wollten in Brüssel im
kommenden Frühjahr eine Konferenz zum Thema »Insolvenz
und Neubeginn« abhalten und fragten an, ob ich als Rednerin
aktiv daran teilnehmen würde. Ich konnte es nicht glauben und
überprüfte, ob sie je zuvor einen insolventen Unternehmer als
Redner eingeladen hatten. Ich fand nichts. Das wäre natürlich
eine Supermöglichkeit. Bestimmt würde ich bei der EU-Kommission viele neue Informationen bekommen und es würde das
Thema auch international bekannt machen. Die Leute von der
Kommission boten mir an, sie würden meine Reise- und Über-
nachtungskosten direkt übernehmen. Wahnsinn, dachte ich. Sie
wissen wirklich Bescheid.

Die Zeit verging wie im Fluge. In der Woche vor der Konferenz waren so viele Termine in meinem Kalender, dass ich
kaum darüber nachdenken konnte. Selbst im Flugzeug konnte
ich es nicht so ganz glauben, dass ich kleine Insolventin nun nach
Brüssel flog. Als ich im Hotel ankam und einchecken wollte,
musste ich eine erste kleine Hürde überwinden. Die Dame an
der Rezeption fragte mich nach einer Kreditkarte zur Ab-
deckung von Minibar-Kosten. Das war mir bisher noch nie passiert. Ich antwortete ihr, die EU-Kommission hätte mich eingeladen, bei deren Konferenz über das Thema Insolvenz zu
sprechen, und dass ich wirklich insolvent sei und daher keine
Kreditkarte besäße. Ich würde ihr aber versprechen, nichts aus

der Minibar zu entnehmen. Gott sei Dank hat sie das akzeptiert. Ich suchte mein Zimmer, damit ich mich schnell umziehen konnte. Am Abend vor der Konferenz sollte es ein Kennenlern-Essen mit dem Leiter des Direktorats bei der EU geben. Ich wollte nicht total zerstört aussehen, wenn ich ihn treffe. Es hatte in Brüssel geregnet und meine Haare, die ich in der Früh mit viel Mühe glatt geföhnt hatte, standen nun im rechten Winkel vom Kopf ab wie unordentliche Korkenzieher. Als ich ganz in Gedanken aus dem Aufzug kam, blieb mein Koffer an einem Stehaschenbecher hängen. Dieser fiel um, und dann gingen die Sicherheitstüren im Flur zu. Es war wie in einem schlechten Film. Mein Herz pumpte. Dann merkte ich, dass ich auf der falschen Etage ausgestiegen war. Ich stieg rasch wieder in den Aufzug, raste zu meinem Zimmer, zog mich um und ging hinunter zu dem Essen. Ganz aufgeregt über das, was ich sagen wollte, hatte ich in den Wochen zuvor überhaupt nicht darüber nachgedacht, wer sonst an dieser Konferenz teilnehmen würde. Nach und nach trafen allmählich die anderen Redner ein. Kurz danach kam eine Dame von der OECD, der Organisation für wirtschaftliche Zusammenarbeit und Entwicklung, an der sich 30 Länder beteiligen. Es folgte ein Vertreter nach dem anderen von den Justizministerien verschiedener Länder. Es war sehr gut, dass ich nicht vorher recherchiert hatte, wer sonst spricht. Ich glaube, ich hätte sonst gekniffen. Aber ich hatte das unbedingt gewollt. Ich wollte schon so lange mit den Verantwortlichen aus der Politik sprechen, und nun bekam ich gerade genau diese Chance. Ich konnte diese Chance nicht an mir vorbeiziehen lassen. Ich war die letzte der angesagten Redner am Konferenztag und würde nach all diesen hochrangigen Menschen sprechen dürfen.

Die Nacht war so lang und meine Angst wurde immer größer. Würden die anderen mir zuhören, würde es sie überhaupt interessieren, was eine Insolventin zu sagen hatte? Am nächsten Tag gingen wir gemeinsam zu dem Gebäude, in dem die Konferenz stattfinden sollte. Überall ganz große Schilder mit Rauchverbot.

Nicht einmal das durfte ich, um mich zu beruhigen. Und dann durch Sicherheitsschleusen so wie am Flughafen. Ich kam mir wieder vor, als ob ich in einem Film wäre. Ich musste an einen meiner Lieblingsautoren denken, er heißt Luigi Pirandello. Der spätere Literaturnobelpreisträger hatte 1921 das Theaterstück »Sechs Personen suchen einen Autor« geschrieben. Das Stück handelt von sechs Personen, einer Familie, die plötzlich während einer Theaterprobe auftauchen. Sie verlangen vom Theaterdirektor, dass er »sie« aufführt. Sie seien als Bühnenfiguren von ihrem Autor geschaffen worden, der sie aber nicht vollendet habe. Sie waren aber mit dieser Entwicklung unzufrieden und wollten ihr Stück auf der Bühne sehen, wollten »leben«. Jemand solle das Stück weiterschreiben, sodass sie erfahren würden, wie es ausgeht. Genauso kam ich mir vor, wie eine Person in einem Theaterstück, die ihren Autor sucht, um zu erfahren, wie das Stück endet. Hoffentlich würde es dieses Mal auch gut gehen!

Wir kamen in dem Raum an, in dem wir vortragen sollten und in dem ein Riesentisch stand – mit einem Loch in der Mitte. Es war genauso wie im Fernsehen, wenn man Konferenzen der höchsten Politiker sah. Es gab Kabinen für die Dolmetscher, die die Konferenz simultan übersetzen sollten. Würde ich nicht für die Dolmetscher eine Riesenherausforderung darstellen, wenn ich keine hochwirtschaftliche und hochpolitische Rede, sondern eine Rede vom Herzen hielte? Ist das nicht eine ganz andere Sprache mit ganz anderen Vokabeln? An jedem Platz gab es ein Mikrofon. Ich wusste nicht einmal, wie es funktionierte, und erkundigte mich bei meinem Sitznachbarn. Und dann ging es los. Den ganzen Tag lang sprachen die Menschen über »den Schuldner«. Damit meinten sie doch auch mich – denn ich war eine Schuldnerin. Meine Angst wurde immer größer. Ob sie wohl auf eine Schuldnerin hören würden? Immer wenn ich Angst habe, versuche ich, mir etwas anderes vorzustellen. Meine Fantasie musste ich sofort einschalten. Ich stellte mir einfach vor, dass ich eine ganz normale Zuhörerin bin und gar nicht sprechen muss.

Dann wäre die Veranstaltung für mich eine Weiterbildungsmaß-
nahme in Sachen Insolvenz. Dann wäre alles gut. Ich lernte viel
an diesem Tag. Ich stellte zu meiner Freude fest, dass fast alle
Teilnehmenden an der Entstigmatisierung des Scheiterns und
an der Begünstigung der zweiten Chance arbeiteten. Alle Redner sprachen darüber, dass die Angst vor dem Scheitern der
häufigste Grund wäre, warum gar nicht erst gegründet wird. Sie
betonten, dass auch die zweite Chance unterstützt werden
sollte, da in vielen der EU-Länder das Scheitern eine Schande
darstellte. Sie sprachen über die wirtschaftlichen Auswirkungen
dieser Haltung und dass sich da etwas ändern muss. Ich hatte
vorher gar nicht gewusst, dass so viele hochrangige Menschen an
dem gleichen Thema arbeiteten wie ich. Später erfuhr ich, dass
es zu diesem Thema sogar eine Arbeitsgruppe gab. In der letzten
Pause kamen zwei Damen vom finnischen Justizministerium auf
mich zu. Sie strahlten mich an und erzählten, sie hätten von
mir gehört und gerade ihre Flüge umgebucht, damit sie meinen
Vortrag hören konnten. Der Druck stieg an. Aber ich dachte:
Ich habe eigentlich nichts zu verlieren. Es ist eine Chance, und
als Chance nehme ich es wahr. Da ich Expertin für das Wiederaufstehen bin, wäre es ja nicht schlimm, wenn ich hier verlieren
würde. Schließlich hatte ich bewiesen, dass ich wirklich wieder
auf die Füße komme. Also Augen zu und durch!

Der Vorredner vom deutschen Justizministerium war fertig,
und nun kam ich dran. Der Leiter der Konferenz und Leiter des
Direktorats Unternehmertum bei der EU-Kommission sprach
darüber, dass man sich normalerweise verstecken würde, wenn
man insolvent wird, aber dass ich ein Buch darüber geschrieben
und »Pleitier« zu einem Beruf gemacht hätte. Nun wusste ich,
warum ich von der Kommission eingeladen worden war. Sie hatten das Buch gelesen. Also werden deutschsprachige Bücher
doch im Ausland gelesen. Ich hatte im Vorfeld überlegt, in welcher Sprache ich sprechen sollte. Englisch ist vielleicht nahelie-
gend, da ich Britin bin. Allerdings hatte ich bis zu diesem Tag

nur auf Deutsch über meine Insolvenz gesprochen und hatte
Bedenken, dass mir die Worte vielleicht nicht einfallen würden,
wenn ich Englisch spreche. Als ob man die eigene Sprache nicht
mehr kann, wenn es darauf ankommt! Ich hatte mich dann doch
für Englisch entschieden, weil ich annahm, dass die meisten Teilnehmer Englisch verstehen und so die Rede im Original hören
würden.

Nach meiner Rede sagte der Leiter der Konferenz, es sei
wichtig, ein lebensnahes Beispiel zu haben, und bedankte sich
bei mir. Er erzählte mir noch, dass die komplette Konferenz den
ganzen Tag lang im Livestreaming im Internet übertragen worden war. Gott sei Dank habe ich das nicht gewusst. Ich war nervös genug, ohne dass ich mir darüber Gedanken machen musste,
dass ich auch noch im Internetfernsehen zu sehen bin. Eines
war aber sicher – wenn ich irgendwann nicht mehr insolvent
bin, werde ich mir vor großen Terminen einen Friseurbesuch
gönnen! Ich war schon seit Monaten nicht mehr beim Friseur
gewesen, weil ich es mir einfach nicht mehr leisten konnte, und
ich wollte gar nicht darüber nachdenken, wie ich wohl in diesem
Internetfernsehen ausgesehen habe. Vielleicht konnte man einen schlechten Haarschnitt aber durch Authentizität ersetzen.
Ich hoffte, dass das an diesem Tag wirklich funktioniert hatte.

Zurück von der EU saß ich zu Hause und überlegte, was alles
passiert war. Es war unglaublich, wie der Faden sich entwickelte,
den ich zu Beginn meiner Insolvenz aufgenommen hatte. Was
würden die anderen Insolventen dazu sagen? Würden sie sagen:
Sie haben es leicht gehabt? Würden Sie vergessen, dass ich, wenn
ich zu Hause bin, wieder mit all dem zu kämpfen habe, was auch
ihren Alltag bestimmt: wie die Miete zu zahlen ist, woher das
Geld für den nächsten Schulausflug der Kinder kommen soll,
wie ich es schaffen sollte, alles unter einen Hut zu bringen?
Egal – ich war mir einfach sicher, dass jeder einen anderen Weg
hat. Aber wenn man ihn nicht geht, wenn man nicht daran
glaubt, würde es sicher nichts werden. Manchmal braucht man

einfach eine Vision von dem, was man tun möchte, und dann muss man es auch tun und einfach dranbleiben. Das ist es, was all jene verbinden müsste, die sich eine zweite Chance wünschen. Wir müssen unsere Vision finden und nicht aufgeben, wenn es schwierig wird. Nun war der Anfang gemacht, ich wurde gehört, und ich wollte für alle noch weiter darum kämpfen, dass die zweite Chance entsteht. Schließlich war das nicht nur für die betroffenen Insolventen wichtig, sondern für die ganze Gesellschaft. Unsere Gesellschaft kann es nicht wollen, dass die Menschen nie wieder aufstehen können. Sie will auch sicher nicht, dass alle, die einmal verloren haben, verloren sind. Ansonsten würde bei den steigenden Zahlen der Insolvenzen die Wirtschaft irgendwann nicht mehr existieren, und darunter würden wir alle leiden. Diejenigen, die schon gefallen waren, hatten aber genug gelitten. Ich musste weitermachen.

Beflügelt von der Tatsache, dass vieles möglich ist, wenn man nach vorne schaut und einfach macht, setzte ich mich nachts an den PC und schrieb wieder an Journalisten, Politiker und Wirtschaftsverbände. Es würde vieles mehr gehen, davon war ich überzeugt. Und es ging auch weiter. Es kamen viele Vorträge und Auftritte, und manchmal war ich richtig müde, wenn ich nach Hause kam und Hunderte von E-Mails von Betroffenen und anderen Menschen vorfand. Sie schrieben, es sei wichtig, was ich machte, und dass sie selber so viel Angst hatten, nie wieder auf die Beine zu kommen. Ich hoffte, dass immer mehr Menschen in dieser Notlage sich zeigen würden. Wenn man nichts zu verstecken hat, muss man sich nicht verstecken, das war und ist meine Überzeugung.

Eines Tages bekam ich die Nachricht, dass bei einer Veranstaltung, die ich für die IHK Berlin und für den Bund der Selbstständigen machte, auch die damalige Bundesjustizministerin Brigitte Zypries eine Rede halten würde. Ich überlegte sofort, was ich ihr alles sagen wollte, und recherchierte nächtelang. Vielleicht wäre dies meine Chance, um mit der zweiten Chance voranzu-

kommen. Am Tag davor hatte ich eine Veranstaltung mit Selbstständigen in Kiel. Es war eine lange Reise von München nach
Kiel und gleich am nächsten Tag in der Früh fuhr ich nach Berlin.
Am Nachmittag flößte ich mir Kaffee ein. Ich musste wach und
fit sein, denn eine zweite solche Chance würde bestimmt nicht
wiederkommen. Honoré de Balzac, der französische Schriftsteller, hatte einmal gesagt: »Der Kaffee kommt in den Magen, und
alles gerät in Bewegung; die Ideen rücken an wie Bataillone
der Grand Armeé auf einem Schlachtfeld.« Na – ein Schlachtfeld
wollte ich nicht verursachen, aber vielleicht, wenn man das übertragen würde, wäre dem Kampf um die zweite Chance mit
diesem Kaffee gedient. Wie immer war ich zu früh am Veranstal-
tungsort, und ich nutzte die Zeit, alles vorzubereiten. Langsam
füllte sich der Raum. Es trafen immer mehr Menschen ein, und
bald war kein Stuhl mehr frei. Vorne unterhielt ich mich mit
meinem Sitznachbarn. Ich hatte gar nicht gemerkt, dass die Veranstalter die Bundesjustizministerin schon am Eingang abgeholt
hatten. Auf einmal stand sie neben mir, gab mir die Hand und
wünschte uns eine schöne Veranstaltung. Die Rede, die sie dann
hielt, war höchst erfreulich, denn sie sprach sich für die Chance
für einen Neustart nach einer Insolvenz aus:

»Leider wird in Deutschland ein wirtschaftlicher Zusammenbruch noch viel zu häufig als Endpunkt jedes unterneh-
merischen Handelns verstanden. Dabei ist mit Tatenlosig-
keit häufig weder den Gläubigern noch der Volkswirtschaft
insgesamt gedient. Es ist deshalb dringend nötig, dass eine
Insolvenz nicht länger als sprichwörtlicher ›bürgerlicher Tod‹
begriffen wird, sondern auch als eine Chance für einen wirtschaftlichen Neubeginn.

Um dies zu erreichen, brauchen wir allerdings einen
Mentalitätswechsel – bei Banken, bei Geschäftspartnern und
bei den Unternehmern selbst. Ich bin der Industrie- und
Handelskammer und dem Bund der Selbstständigen deshalb

sehr dankbar, dass sie diese Veranstaltung organisiert haben, denn auch dadurch können wir der Insolvenz ein wenig von ihrem Schrecken nehmen und mithelfen, eine neue ›Kultur der zweiten Chance‹ in der Wirtschaft zu etablieren.«
(www.bmj.de: Reden 2006, 9. Mai 2006)

Über diese Rede freute ich mich sehr, denn wenn eine Ministerin darüber spricht, dass ein Mentalitätswechsel erforderlich ist, würde genau dieser in greifbare Nähe rücken. Das war schon viel mehr, als ich von der Veranstaltung erwartet hatte. Wie schön zu wissen, dass auch Politiker auf höchster Ebene über dieses Thema nachdenken. Die zweite Chance hätte damit bestimmt auch eine reale Chance, Wirklichkeit zu werden. Die Justizministerin redete aber weiter:

»Aber wir lösen jetzt auch ein Problem, das Sie, Frau Koark, in Ihrem Buch sehr eindringlich beschreiben: Damals standen im Rahmen des Insolvenzverfahrens auch Ihre Renten- und Ihre Lebensversicherung vor der Pfändung. Ihre private Altervorsorge drohte verloren zu gehen. Ich meine, wir müssen die Alterssicherung von Selbstständigen künftig im Insolvenzfall besser schützen. Es ist eine nicht gerechtfertigte Ungleichbehandlung, wenn gesetzliche Rentenansprüche von Arbeitnehmern Pfändungsschutz genießen, die private Vorsorge von Selbstständigen aber nicht. Das Bundesjustizministerium hat deshalb eine Gesetzesänderung vorgeschlagen, und am Donnerstag wird der Bundestag die Sache erstmals beraten. Dieses Vorhaben ist ein wichtiger Baustein für die Schaffung einer neuen Kultur der Selbstständigkeit in Deutschland. Wir brauchen Menschen mit Ideen, mit Energie und mit der Bereitschaft zum Risiko. Eine Erfolgsgarantie gibt es nirgends, und deshalb ist auch eine Insolvenz keine persönliche Schande.«
(www.bmj.de: Reden 2006, 9. Mai 2006)

Hatte ich richtig gehört? Rückte es tatsächlich in greifbare Nähe, dass die Selbstständigen zukünftig in der Insolvenz ihre private Altersvorsorge nicht mehr verlieren würden? Das musste ich mir nach der Veranstaltung genau anschauen. Wenn das wahr ist, wäre das ein Riesenschritt in die richtige Richtung. Mir wären fast die Tränen vor Glück gekommen, denn der älteste Betroffene, der mir erzählte, dass er seine private Altersvorsorge im Rahmen seiner Insolvenz verloren hatte, war 76 Jahre alt, als er seine Insolvenz anmeldete. Er war entsetzt darüber, dass er nun nur noch von der Sozialhilfe leben konnte. Ich hatte schon 14 Jahre Altersvorsorge zu Beginn meiner Insolvenz verloren und war bislang nicht in der Lage, nach Anmeldung der Insolvenz weiter in eine privaten Altersvorsorge einzuzahlen. Natürlich würde diese Gesetzesänderung nicht rückwirkend sein und ich würde meine Altersvorsorge nicht zurückbekommen. Aber käme ein Gesetz, das die Altersvorsorge schützt, würde nie wieder ein Mensch, der Insolvenz anmelden muss, seine Altersvorsorge verlieren. Wahrscheinlich hatten viele Menschen sich dafür eingesetzt, dass sich das ändert. Mir war es egal, wer das bewirkt hat. Hauptsache, es geschah etwas! Und viel später las ich im Internet, dass das Gesetz zum Pfändungsschutz der Altersvorsorge im Bundesgesetzblatt verkündet worden war und zum 31. März 2007 in Kraft treten würde.

In mir war ein wilder Strudel der Gefühle. Ich musste mich sehr konzentrieren, denn ich musste bald auch auf die Bühne und sprechen. Ich überlegte und überlegte, ob denn meine Rede in Ordnung war, ob ich nicht irgendetwas anderes hätte vorbereiten müssen. Aber ich beschloss, dass es wichtig war, mir selber treu zu bleiben und meine große Leidenschaft für das Thema herüberzubringen – auch wenn die Justizministerin dabei war! Ich habe oft über das Wort »Leidenschaft« nachgedacht. Ich bin mir sicher, dass es eines der wichtigsten Wörter der deutschen Sprache ist, denn Leiden schafft neue Möglichkeiten, wenn man sie annimmt, so wie sie kommen. Diese Möglichkeit wollte ich nutzen und einfach schauen, was passiert. Ich hatte nur 20 Minuten zur Verfügung und beschloss daher, niemanden zu begrüßen. Ich stellte mich vor: Anne Koark, V.I.P.: Very Intensively Pleite. Die Justizministerin schmunzelte, und ich wusste damit, sie hört zu. Und dann lief es wie von selbst.

Ich bin mir nicht sicher, dass eine einzige kleine Rede wirklich alles verändern kann. Ich gab aber alles, was ich hatte. Die Zeit würde zeigen, ob mein Einsatz geholfen hatte, die zweite Chance Wirklichkeit werden zu lassen oder nicht. Nach der Rede gab es eine Podiumsdiskussion, in der die Ministerin und ich Fragen aus dem Publikum beantworten konnten. Es kam Frage nach Frage und ich saß auf der Bühne und freute mich, dass das Gespräch zustande kam, denn so verstehe ich die Politik – eben für das Volk. Ich selber gehöre keiner Partei an und bei Bundestagswahlen darf ich nicht wählen, da ich britische Staatsangehörige bin. Ich denke, dass ich politisch, aber unparteiisch bin. Jetzt hatte die Vertreterin einer Partei zugehört, und auf dem Weg nach Hause machte ich mir Gedanken darüber, wie man es schaffen könnte, Vertreter anderer Parteien zu erreichen. Sofort nach Ankunft zu Hause würde ich anfangen, alle Parteien anzuschreiben.

Es gab in den darauffolgenden Jahren viele Möglichkeiten, mit den Wirtschaftsvereinigungen und mit den Vertretern der Politik zu sprechen. Diese Begegnungen haben mich auf immer neue Ideen gebracht, wie man das Thema bewegen könnte, und ich habe versucht, sie umzusetzen. Schließlich sollten die Anforderungen für den Neustart in und nach der Insolvenz im Interesse der Gläubiger, der Gesellschaft, der Wirtschaft und auch der Insolventen verbessert werden.

Nun sitze ich schon wieder in der Maske für eine Fernsehsendung. Wie konnte es nur dazu kommen, dass ich hier nun zum wievielten Male im Fernsehstudio sitze? Mit meiner Vision und meiner angeborenen Hartnäckigkeit hatte ich vieles erreicht. Meine Gedanken verschwinden wieder in den Lichtern im Spiegel, und ich überlege, wie das alles möglich war. Die letzten Jahre waren ein komischer Spagat zwischen einem Leben am Existenzminimum und einem Leben in der Öffentlichkeit, um mein Thema zu bewegen. Bei jedem Schritt dachte ich an den Schmerz des Verlusts, an die Schwierigkeiten des Neustarts und an die Menschen, die Licht am Ende des Tunnels sehen wollten, damit sie endlich wieder loslegen können. Und das Gesicht, das mich im Spiegel anschaute, ist wirklich das Gesicht eines V.I.P.s – eben Very Intensively Pleite, aber es ist auch das Gesicht einer Frau, die sich freut, dass die deutsche Gesellschaft wirklich genauso ist, wie sie dachte – eine Gesellschaft, die Veränderung nicht scheut, und eine Gesellschaft, die bereit ist, über sich nachzudenken, und zwar in jedem Bereich. Vieles ist möglich, wenn man den Glauben an den Menschen niemals verliert. Zum Glück sind *wir* der Staat!

Die Psyche und die Schulden

Eines Tages nahm der Chefarzt einer psychiatrischen Klinik per E-Mail Kontakt mit mir auf. Er hatte mein Buch gelesen. Er fand das Thema faszinierend und kam selbst in seinem Beruf mit vielen betroffenen Menschen in Berührung. Er erzählte vom sozialen Abstieg und von dem Gefühl des freien Falls, von dem die Betroffenen berichteten. Er bat mich, ihn anzurufen. Ich war überrascht, dass ein Psychiater und Psychotherapeut sich nun für die Insolvenz interessierte. Was wollte er wohl von mir? Viele Leute haben mir im Lauf meines Lebens erzählt, dass sie mich für verrückt halten – und erst recht, seit ich mich mit dem Thema Insolvenz so öffentlich identifizierte. Suchte der Chefarzt der Psychiatrie deswegen den Kontakt zu mir? Ich hoffte nicht, denn in dieser Hinsicht bin ich bestimmt ein unheilbarer Fall. Bevor ich zum Telefonhörer griff, dachte ich darüber nach, was ein Psychotherapeut eigentlich macht. Man sagt, dass der Psychotherapeut mit Menschen zu tun hat, die einen Vogel haben, und dass er diese Menschen zum Sprechen bringt. Mir wurde schon oft gesagt, dass ich einen Vogel hätte. Meistens habe ich dann erwidert: »Nein, das stimmt nicht. Ich habe drei Vögel!« Damit habe ich natürlich meine Wellensittiche gemeint. Bislang hatte ich aber keinen meiner Vögel zum Sprechen gebracht – weder die inneren noch die Wellensittiche. Dies würde bestimmt der Anfang einer neuen Ära sein. War das der Grund, warum man Ära und Ara so ähnlich schreibt? Über diese Wörter bin ich anfangs nämlich oft in Deutschland gestolpert, da wir Engländer uns so wahnsinnig schwer mit den Umlauten tun. Aber ich schweife ab ...

Am Telefon erzählte mir der Chefarzt, dass er mittlerweile zum Spezialisten für die Unternehmerpsyche geworden sei. Ich erzählte ihm, was ich täglich über diese Menschen erfuhr: wie sie den Kontakt zur Welt verloren, weil die Insolvenz von ihnen verlangte, sich in einem komplett neuen System zurechtzufinden, in dem keiner der Werte galt, mit denen sie aufgewachsen waren. Sie können zum Beispiel nicht mehr der Versorger sein, weil schlicht das Geld fehlt. Sie können nicht mehr für ihr Alter vorsorgen, weil das Vermögen weg ist und das, was übrig bleibt, nicht mehr für eine Absicherung reicht. Das Wiederaufstehen wird zu einer schweren Übung, weil die Gesetzgebung Hürden aufbaut und die Stigmatisierung der Insolvenz insgesamt dazu kommt. Der Chefarzt fragte mich, ob ich in seiner Klinik einen Vortrag zu dem Thema halten wollte. Ich sagte spontan zu – ohne ihn zu fragen, ob ich vor den Ärzten oder den Patienten sprechen sollte. Ich hatte mittlerweile so viele Menschen gesprochen, die ihre Insolvenz an den Rande eines Nervenzusammenbruchs gebracht hatte, und ich wusste, wie nahe ich selbst daran gewesen war, einfach aufzugeben. Mich interessierte es einfach, was ein Fachmann dazu sagen würde. Dies war bestimmt ein Zeichen, dass ich mich auch mit dieser Seite des Themas näher auseinandersetzen sollte.

Nach dem Telefonat kamen mir blöde Gedanken. Es fielen mir Sprüche ein wie: »Von diesem Veranstalter werde ich mir bestimmt nicht in die Jacke helfen lassen. Die Jacken dort eignen sich nicht gerade dafür, ein Mikrofon zu halten.« Mir war aber eigentlich nicht unbedingt zum Lachen zumute. Die Menschen, die es nicht schaffen, haben alles gegeben, sogar ihre Gesundheit. Aber die Engländerin bewältigt doch alles mit schwarzem Humor. Erst später kam Angst in mir hoch. Hatte ich dieses Mal etwas zugesagt, das eine Nummer zu groß für mich war? Was konnte ich Ärzten sagen? Und ein Vortrag für die Patienten – war das nicht eine sehr große oder gar zu große Verantwortung? Schließlich wusste ich nicht, wie krank die Menschen waren, und welche Worte oder Erzählungen für sie nicht zu ertragen wären. Andererseits war ich sehr neugierig. Ich vertraute darauf, dass dieser Vortrag eines dieser unerwarteten Erlebnisse sein würde, aus denen ich etwas lernen konnte. Es würde mir helfen, das Thema des Scheiterns wieder aus einer anderen Perspektive zu betrachten. Mittlerweile war ich der Ansicht, dass die Insolvenz einfach stellvertretend für alle Arten des Scheiterns steht.

Dieser Arzt faszinierte mich, denn er hatte (und hat wahrscheinlich immer noch) eine solche Liebe zu seiner Arbeit, dass er alle möglichen Wege suchte, um seinen Patienten zu helfen. Er brachte mich selbst auf wichtige Ideen. Ich wusste aus vielen Gesprächen mit Betroffenen, dass sie sogar überlegt hatten, sich umzubringen. Freitod anstatt Schande. Freitod, das ist auch ein sehr interessantes Wort. Man könnte es so deuten, dass der Selbstmörder freiwillig den Tod wählt. Freitod könnte aber auch bedeuten, dass man sich durch den Tod befreit. Für die Insolventen könnte das Wort noch eine ganz andere Bedeutung haben, denn der Freitod wäre ein Ausweg, der nichts kostet. Oscar Wilde sagt: »Selbstmord ist ein Kompliment, das man der Gesellschaft nicht machen dürfte.« Was für ein Kompliment wäre das für unsere Gesellschaft? Wie weit sind wir gekommen, wenn unsere Gesetze, unsere Gesellschaft und unsere Art zu denken das Leben so unfrei erscheinen lassen, dass jemand den Freitod wählt? Wie groß muss die Verzweifelung sein, dass man es wirklich tut? Ich hoffte, dass ich in der Klinik die Möglichkeit bekommen würde, mit dem Chefarzt über dieses Thema zu diskutieren. Ich wollte sehr gerne wissen, was er darüber denkt und wie ein Psychiater und Psychologe dieses Problem angeht. Ich wollte das Thema so gesellschaftsfähig machen, dass die betroffenen Menschen aus der Isolation kommen könnten, in der sie mit ihren Gedanken alleine waren. Oft gibt es Lösungen, die wir nicht sehen, weil wir in unseren Gedankenspiralen alleine gefangen sind. Und die Menschen, die uns lieben, brauchen uns – mit oder ohne Geld! Es ist sicherlich ein Ausweg, wenn man sich tötet, aber es ist auch ein Ausweg, der keine weiteren (Aus-)Wege erlaubt.

Wir sollten diesen Menschen klarmachen, dass auch das Scheitern immer eine Möglichkeit bietet, einen neuen Weg zu gehen. Dafür muss man aber die bekannten Pfade verlassen – und manchmal auch das Aufgeben lernen. Aufgeben ist ein Fach, das in unserer Gesellschaft und in unseren Schulen komplett fehlt. Wir lernen vielmehr, dass alles möglich ist. Das ist es aber nicht. Vielleicht ist der Versuch, zu stark zu sein, nicht immer der beste Weg. Das habe auch ich schmerzlich lernen müssen, als ich Insolvenz anmelden musste. »Ich kann nicht zahlen« war der schwierigste Satz, der mir je über die Lippen gekommen ist. Ich musste den Kampf gegen das Unabwendbare aufgeben, weil ich erkannt hatte, dass es unabwendbar war. Die Verzweiflung, die dem Satz vorangegangen ist, war sehr groß. Manchmal formt sich der Charakter aus der Verzweifelung heraus. Sich selber aufzugeben wäre schade und noch dazu vollkommen unnötig, denn die Insolvenzordnung verlangt zwar von uns, dass wir alles hergeben. Damit ist aber nicht das Leben gemeint. Leider weiß man immer erst nachher, was man alles für sein späteres Leben gelernt hat, und nicht vorher. Wenn man vorher wüsste, dass alles gut ausgeht, wäre es um einiges leichter, aufzugeben und neu anzufangen. Und vielleicht wäre es noch leichter aufzugeben, wenn es wirklich eine sichtbare zweite Chance geben würde. Wenn einer, der scheitert, einfach sagen könnte: Es ist einmal schiefgegangen, beim nächsten Mal wird es besser.

Es gibt viele schlimme Meldungen über Menschen, die überschuldet waren und sich in ihrer Verzweiflung nicht zu helfen wussten. Ich erinnere mich an einen Zeitungsbericht. Ein Mann hatte erst seine Familie ermordet und sich dann das Leben genommen. Der Grund für seine Tat war die Überschuldung. Es wäre schön, wenn es eine Statistik über die Ursachen für Selbstmord geben würde. Man wüsste dann, wie viele Menschen den Freitod wählen, weil sie ihr Leben generell als gescheitert ansehen oder weil sie aus ihren Schulden nicht mehr herauskommen. Dann würde man vielleicht darüber nachdenken, warum das so ist, und diskutieren, wie man das ändern könnte. Es gibt aber keine Statistik. Vielleicht war der Anruf des Chefarztes ein Zeichen, dass ich mich auch damit beschäftigen sollte. Wie konnte man aber dieses Thema öffentlich machen? Das wusste ich noch nicht – aber ich wollte einen Weg finden.

Für mich steht die Insolvenz mittlerweile für eine Riesen-chance, sich besser kennenzulernen, die eigenen Stärken zu fin-den und zu wachsen (und damit meine ich nicht in die Breite – auch wenn meine dazugewonnenen Kilos nicht gepfändet wer-den). Aber nachher ist man immer schlauer. Ich erinnere mich, wie es mir damals erging. Erst musste ich mich mit der Tatsache auseinandersetzen, dass alles scheinbar zu Ende war. Ich denke an die vielen Nächte ohne Schlaf – ich konnte nicht schlafen, weil ich doch einen Weg finden wollte, damit es weitergeht. Ich wollte mir einfach nicht eingestehen, dass ich jemandem etwas schuldete. Die Tage waren vollgepackt mit Arbeit. Ich dachte noch, ich könnte es schaffen, wenn ich nur noch ein bisschen mehr arbeitete. Danach die Nächte voller Angst. Was bedeutet eine Insolvenz? Wie geht es weiter, wenn man Insolvenz ange-meldet hat? Wie werde ich, werden wir leben können, wenn die Konten gesperrt sind? Werde ich ein neues Konto eröffnen dürfen? Was macht ein Insolvenzverwalter? Auf einmal fremd-bestimmt zu sein, wie wird das wohl sein? Wer bin ich, wenn ich meinen Beruf nicht mehr habe? Wen reiße ich mit in mein Unglück? Die Angst, dass ich nie wieder etwas Neues planen könnte. Was konnte ich tun, jetzt, da alle Pläne für mein Leben gescheitert waren? Die Verantwortung für die Mitarbeiter, für die Kinder, für andere Familienmitglieder, für die Gläubiger – und so weiter. Eine Spirale der Gedanken, aus der man nicht so ohne Weiteres herauskommt. Manchmal besteht Heldentum nicht darin, dass wir die Schlacht gewinnen, sondern dass wir einfach die Niederlage aushalten. Aber für dieses Heldentum gibt es keine Ausbildung. Es ist nicht leicht, sich anzuschauen, was man angerichtet hat. All die eigenen Fehler werden sichtbar, und es ist schwer in dieser Zeit, irgendetwas Gutes an sich selber zu finden. Ich dachte auch an all die anderen, die meine Situa-tion noch verschlimmert hatten – die Finanzinstitute und die-jenigen, die ihre Rechnungen nicht bezahlten. Ich dachte auch an insolvente Menschen, mit denen ich gesprochen hatte, die betrogen worden waren. Wir alle sind in diesen Situationen wütend und fühlen uns ausgeliefert. Die Gefühle sind in dieser Zeit schwer zu sortieren. Die Schuldfrage steht eine ganze Weile im Vordergrund, bevor man sich überlegt, was für einen Lerneffekt man aus der Situation für die Zukunft ziehen kann. Es scheint erst einmal überhaupt keine Zukunft mehr zu geben. Das kostet sehr viel Kraft, und wenn diese Kraft ausgeht, dann weiß man einfach nicht weiter. Oft schafft man es nicht ohne fremde Hilfe, die Situation richtig einzuschätzen. Das war ja auch ein Grund, warum ich versuchen wollte, anderen zu helfen. Denn dieses ohnmächtige Gefühl kennt jeder, der jemals in dieser Situation gewesen ist. Sich eine Pause gönnen, Abstand von der Situation bekommen, sich erholen oder Kraft tanken – das kommt meistens zu kurz. Die Natur ist in solchen Zeiten unheimlich wichtig für den Ausgleich. Nur da findet man die nötige Ruhe. Schade, dass so wenige von uns Betroffenen sich die Zeit für diese Erholung nehmen. War das etwas, was der Chefarzt mir am Vortragsabend näher erklären würde? Meine Spannung stieg.

Ich habe viel darüber nachgedacht, was wir auch in schweren Zeiten von der Natur lernen können. In Krisenzeiten haben wir meistens keinen Blick mehr für die Natur, weil wir einfach zu sehr mit unseren eigenen Problemen beschäftigt sind. Manchmal schauen wir die Natur an, ohne zu sehen, was da wirklich vor uns ist. In der Natur hat nämlich alles einen Sinn und sie funktioniert nach gewissen Regeln, nach denen wir uns richten müssen. Oft hat sie Lösungen für unsere Probleme parat – wir müssen nur genau hinschauen. So manches Mal habe ich mir Bäume angesehen und überlegt, was so ein alter Baum in seinem Leben alles gesehen hat und was für Unwetter er überstehen musste. Der Baum mit seiner durchschnittlichen Lebensdauer von mehr als 150 Jahren müsste doch vieles wissen, was für uns wichtig ist. Wenn diese Bäume nur sprechen könnten! Wenn man Bäume betrachtet, die noch wachsen, dann wird vieles sichtbar, das für eine Krise eine Rolle spielen könnte. Ein Baum hat viele Knoten und dennoch wächst er weiter und wird richtig schön. An den Ringen erkennt man, dass es manche mageren und manche fetten Jahre gab. Ohne beide Spielarten wäre er aber nicht so majestätisch schön geworden, denn er hätte keinen eigenen Charakter. Jeder Baum wäre dann gleich und damit nicht unverwechselbar. Wenn alle Bäume gleich wären, wäre der Wald nicht halb so schön. Man stelle sich nur vor, wie der Wald aussehen würde, wenn der Baum in mageren Zeiten untertaucht, anstatt zu wachsen! Selbst die vom Sturm abgerissenen Äste haben noch einen Sinn. Sie bewirken, dass der Boden auch für den betroffenen Baum fruchtbarer wird. Im Winter sehen die Bäume ziemlich karg und unattraktiv oder sogar tot aus. Der Dalai Lama sagte: »Wenn die Wurzeln nicht vertrocknet sind, ist der Baum noch nicht tot!«

Das führt mich wieder auf mein Thema, die Insolvenz, zurück. Man kann nicht untertauchen, weil das Leben einfach weitergehen muss. Die Knoten oder Narben, die man sich während des langen Kampfes gegen das Scheitern zugezogen hat, müssen mit der Zeit zu einem Teil von uns werden. Das, was wir verloren haben, eröffnet uns auch die Möglichkeit zu lernen und kann unsere Gedanken und Ideen für die Zukunft befruchten. Vielleicht ist deshalb in der Bibel die Rede vom »Baum der Erkenntnis« und vom »Baum des Lebens«. Ein Baum braucht sehr lange, um zu wachsen, und dann steht er in Frieden einfach da. Wenn ein Baum so lange braucht, um zu wachsen, ist es vielleicht auch zu viel von einem Menschen verlangt, dass er nach einem solchen Erlebnis so schnell wieder seinen inneren Frieden findet. Vielleicht fordern wir einfach zu viel von uns selber. Man muss Geduld mit sich haben. Das ist, wenn man in der Krise steckt, unendlich schwer. Manchmal muss man die Krise eine Weile erdulden, bevor es besser wird. Vielleicht heißt es deshalb Geduld. Würde die Klinik des Chefarztes in einem großen Park stehen, in dem die Patienten in Ruhe die Natur beobachten können? Würde er den Patienten zeigen, wie sie lernen konnten, geduldig zu sein? Das wäre sicherlich auch etwas für mich als im Sternzeichen Stier Geborene, die sich so schwer mit der Geduld tut!

Vielleicht wird es irgendwann möglich sein, die Medizin, die Wirtschaft und die Gesellschaft interdisziplinär zusammenzubringen. Ein Arzt betrachtet die Vielzahl der Fakten und stellt Beobachtungen an, die eine Diagnose ermöglichen. Die Medizin strebt einen Zustand an, in dem man der Krankheit und ihren Komplikationen vorbeugen kann. Ziel der Medizin ist es, Erkrankungen zu heilen oder zu lindern. Aufgabe der Medizin ist auch eine Rehabilitation, in der die körperlichen und geistigen Fähigkeiten der Patienten wiederhergestellt werden. Wie schön wäre es, sollte es irgendwann möglich sein, den gegenwärtigen Symptomen des Scheiterns vorzubeugen und unseren ungesunden Umgang mit dem Scheitern gesunden zu lassen. Vielleicht wäre der Chefarzt bereit, das Scheitern und das, was es mit uns macht, psychologisch zu erklären. Das wäre doch ein gutes Thema für einen Artikel. Ich bin mir sicher, dass die Wirtschaft und auch die Gesellschaft davon profitieren könnten.

Manchmal können wir die Wunden der Krise nur heilen, wenn wir all unsere Sinne benutzen. Wir müssen erspüren, was passiert ist – sozusagen einen sechsten Sinn für die Empfindung unseres inneren Ichs entwickeln. Dieser sechste Sinn würde für uns rekapitulieren, was alles passiert ist und warum, um dann einen Weg zu finden, wie wir das in unser jetziges Leben mit einbauen, damit es einen Sinn bekommt. Irgendwann am Ende dieses Prozesses würden wir dann unsere Verletzungen als Stärken empfinden. Wir könnten das Scheitern zum Grundstein für den weiteren Weg im Leben machen und darauf aufbauen. Dabei kommt mir in den Sinn, dass das Wort »rekapitulieren« auch so ein interessantes Wort ist. »Kapitulieren« heißt doch aufgeben! Rekapitulieren würde demnach wörtlich übersetzt »wieder aufgeben« heißen. Aber was sollen wir aufgeben? Vielleicht den Sinn dafür, dass man nie scheitern darf? Wenn wir gedanklich das Aufgeben mit etwas Abstand noch einmal durchleben, sehen wir all das, was wir beim ersten Mal nicht gesehen haben. Vielleicht erkennen wir, dass es wirklich eine zweite Chance geben kann, und entschließen uns, diesen Weg zu gehen. Vielleicht finden wir darin die Lösung. Ich liebe die deutsche Sprache. In ihr sind so viele verborgene Schätze versteckt! Ob dieser Chefarzt das Rekapitulieren als Therapie verwendet, wollte ich auch wissen. Die Fragen häuften sich!

Ich fragte mich auch, ob der Chefarzt der Klinik die Homöopathie in seinen Behandlungen einsetzt. Christian Friedrich Samuel Hahnemann, der Begründer der Homöopathie, sagte: »Ähnliches soll durch Ähnliches geheilt werden.« Vielleicht würde es für die Schmerzen des Verlierens auch sehr heilsam sein, das Erlebnis des Verlierens zu »rekapitulieren«. Die Homöopathie ist wirklich sehr interessant. Dort gibt es meistens eine Erstverschlimmerung, bevor die Heilung einsetzt. Diese Erstverschlimmerung kenne ich auch von meiner eigenen Insolvenz. Erst wenn der Kampf nachlässt, treten die ganzen Ängste hervor. Man ist kraftlos und weiß nicht, wie es weitergehen soll. In der Homöopathie werden Substanzen für die Heilung verwendet, die in ihrer reinen Form giftig sind. Auf die Insolvenz und das Scheitern übertragen würde das bedeuten, dass man noch einmal aufgeben muss, bevor es besser wird. Vielleicht entdeckt man dabei seine eigenen unbewussten Vorurteile. Vielleicht entdeckt man einen übergroßen Drang zur Perfektion, von dem man sich beim zweiten Mal befreien kann. Vielleicht ist dann der Weg klar für ein befreites Leben – ohne Angst vor dem Scheitern. Man weiß ja, dass man es einmal geschafft hat!

Was ist aber mit den statistisch erfassten 8,6 Prozent der Schuldner, die über ihre Verhältnisse lebten und deswegen in diese Situation gekommen sind? Welche psychologische Begründung gibt es dafür? Immer, wenn dieses Thema in der Öffentlichkeit besprochen wird, gibt es dafür eine simple Erklärung:

Man müsse den Menschen eben das Haushalten und Budge-
tieren beibringen. Was aber, wenn das Haushalten und Bud-
getieren nicht das vorrangige Problem ist? Wenn es daran liegt,
dass man seinen eigenen Wert ohne all die materiellen Dinge
gar nicht mehr kennt? Könnte es nicht sein, dass der Mensch
seinen eigenen Wert durch das Kaufen und Besitzen aufwerten
will? Dann sollten wir vielleicht auch daran arbeiten, dass die
Menschen frühzeitig um ihren immateriellen Wert wissen –
ihren Wert ohne all diese Dinge. Es könnte doch so sein: Jede
Sache, die man kauft, führt dazu, dass man wiederum etwas
anderes benötigt, um sich noch besser zu fühlen. Könnte es sein,
dass wir Materiellem einen Wert beimessen, den es gar nicht
hat? Macht uns Materielles besser? Ob in dieser Klinik auch
Menschen sein würden, die Probleme mit ihrem Selbstwert hatten, wusste ich nicht. So allmählich gestaltete sich mein Besuch
in der Klinik zu einer Ansammlung von Fragen, die ich diesem
Arzt unbedingt stellen wollte. Es waren aber sicher viel zu viele
Fragen, um sie alle an einem Abend zu behandeln. Und außerdem wollte ich ja auch noch einen Vortrag halten!

In schwierigen Situationen ist es oft hilfreich, sich das zu ver-
gegenwärtigen, was einem niemand wegnehmen kann – Werte
und Eigenschaften also, die man stets bei sich trägt. Als die
Insolvenz kam, musste ich überlegen, was ich alles »bei mir«
habe und was zu mir gehört. Das waren all jene Dinge, die ich
nicht verloren hatte: die Arbeitskraft, die Ehrlichkeit, die Zuver-
lässigkeit, die Ehre, der Humor, meine Persönlichkeit und vieles
mehr. Jeder Mensch hat solche oder ähnliche Eigenschaften,
die ihm immer bleiben, egal was er sonst verloren hat. Warum
aber zweifeln wir sofort an uns, wenn wir scheitern? Sind das
Urteil und die Anerkennung von anderen so wichtig für uns? Ist
es nicht wichtiger, was wir selber von uns halten? Buddha hat
gesagt: »Wir sind, was wir denken. Alles, was wir sind, entsteht
aus unseren Gedanken. Mit unseren Gedanken formen wir die
Welt.« Ich bin zum Beispiel kein Kontostand. Ich bin kein beno-

tetes Blatt Papier in einer Schule. Ich bin aber ein Mensch, der stets versucht, sein Bestes zu geben. Das ist ja auch etwas wert. Ich habe viele Fehler, und ich habe auch Schwächen. Ich habe nicht alles erreicht, was ich erreichen wollte. Ich bin nicht perfekt. Perfektion ist nicht unbedingt liebenswert. Es ist oft viel menschlicher und damit auch sympathischer, wenn jemand nicht perfekt ist. Warum strebt man danach, immer besser zu sein? Warum kann man sich seine eigenen Fehler nicht verzeihen, während man bei einem Freund sagen würde: »Das macht doch nichts«?

Mein Vater hat mir als Kind immer gesagt: »Anne – zähle nicht, was du nicht hast, sondern das, was du hast. Das Leben ist eine Schatzsuche, und der Schatz steckt in dir.« Wie schade, dass mein Vater nicht lang genug lebte, um zu sehen, wie sehr seine Worte mich trösteten, als ich mit dem Scheitern konfrontiert wurde. Das klang in meinen Ohren wie Musik und half mir, Ruhe zu finden. Vielleicht war es auch sinnvoll, dass wir damals als Kinder das Klavierspielen gelernt haben. Mein Vater sagte: »Du musst lernen, mit falschen Tönen zu leben, sonst lernst du nichts.« Und es gab damals sehr viel Katzenmusik, die er und wir ertragen mussten! Ob Musik zu den Therapiemaßnahmen des Arztes gehörte, wusste ich nicht. Aber die Betrachtung von Musik schien mir auch wichtig zu sein, denn ich hatte selbst gemerkt, dass mir in der Krise manche Lieder viel Kraft schenkten.

1853 gründete der deutsche Tischlermeister und Klavierbauer Heinrich Engelhard Steinweg aus Seesen in New York die Firma Steinway & Sons. Die Herstellungszeit eines Steinway-Flügels beträgt durchschnittlich 11,5 Jahre. Konzertflügel der Firma Steinway & Sons werden heute von fast allen international bekannten Klavierkünstlern bei ihren Bühnenauftritten gespielt. Die Steinway-Klaviere sind für ihren satten Klang berühmt. Ist ein solches Klavier kein Steinway, wenn ich falsche Töne darauf spiele? Es bleibt ein Steinway, egal, was man damit macht. So, finde ich, sollte man auch den Wert jedes Menschen betrachten. Jeder von uns hat etwas Besonderes. Jeder von uns ist ein Klavier, das lange braucht, um seine Eigenartigkeit zu erreichen. Und auch wenn manche glauben, sie könnten diese Klaviatur nicht bedienen, so lernen wir im Laufe des Lebens, unser inneres Klavier zu spielen und die Töne zu lieben. Jeder, der anfängt, ein Instrument zu spielen, muss erst einmal damit leben, dass es nicht perfekt ist. Winston Churchill, Erster Lord der Admiralität, Innenminister, Finanzminister, zweimal Premierminister von Großbritannien, der 1953 auch noch den Nobelpreis für Literatur verliehen bekam, sagte: »Perfektion ist Lähmung.« Vielleicht hatte er das von seiner Mutter gelernt, denn sie konnte hervorragend Klavier spielen. Dieser Mann hat so viel erreicht – wenn er sich an seine eigene Maxime gehalten hat, so ist vielleicht der Schlüssel zum Leben darin versteckt, dass man sich durch einen Perfektionsdrang nicht lähmen lassen darf. Vielleicht kommt man schneller voran, wenn man es sich erlaubt, Fehler zu machen und daraus zu lernen. Vielleicht befreien wir uns dann von den Stimmen in uns, die uns so stark kritisieren, dass wir gar nicht mehr wissen, was wir tun sollen. Man kann sich nicht weigern, das Negative zu sehen und anzunehmen. Man kann sich aber weigern, das Negative die Oberhand gewinnen zu lassen. Es darf einfach nicht über das ganze Leben herrschen. Das Negative ist nur ein Teil des Ganzen. Unser Wert besteht unabhängig vom Negativen. Vielleicht finden wir unseren Wert nicht in der Leistung, nicht in Äußerlichkeiten, nicht im Erfolg, sondern einfach in uns selber, und damit wird alles einfacher. Vielleicht wäre es an der Zeit, dass das Fach »Selbstwert« an jeder Schule gelehrt wird.

Ein Anruf von einem Chefarzt und ich war monatelang gedanklich damit beschäftigt, wie das wohl alles zusammenhängt. Ob meine Gedanken dazu richtig oder falsch waren? Egal, es waren doch meine Gedanken, und ich wollte sie gerne in meine Arbeit integrieren. Je näher die Veranstaltung rückte, umso mehr Angst verspürte ich. Bin ich denn die richtige Person, um vor kranken Menschen zu sprechen? Aber dann dachte ich wieder an Winston Churchill. Nein – ich wollte mich nicht von der Angst lähmen lassen, dass ich nicht die Richtige und nicht perfekt genug war. Der Chefarzt würde schließlich bei der Veranstaltung dabei sein und er war der Fachmann für die medizinische Seite. Manchmal muss man einfach das tun, was erforderlich ist, und nicht so viel darüber nachdenken! Dann kam der Tag, an dem ich meine Reise antreten sollte. Mittlerweile war schon vereinbart, dass sich auch zwei Wirtschaftsvereinigungen an der Veranstaltung beteiligten sollten. Ich kam an, checkte ins Hotel ein, das der Chefarzt für mich gebucht hatte, und machte mich sofort auf den Weg in die Klinik, um diesen Arzt, der mich so lange beschäftigt hatte, endlich kennenzulernen.

Die Klinik befand sich in einem wunderschönen alten Gebäude. Diese Stadt hatte bestimmt eine lange Geschichte, wenn sie ein solch schönes Krankenhaus hat. Als der Chefarzt kam, fing er gleich zu erzählen an. Seine Augen leuchteten. Man konnte ihm ansehen, dass er seine Arbeit liebte, denn immer, wenn er von den verschiedenen Problemen seiner Patienten sprach, legte er einen solchen Elan und ein Temperament an den Tag, das man diesem ruhigen, freundlichen Mann nicht zugetraut hätte. Natürlich durfte er mir nichts Konkretes von seinen Patienten berichten. Stolz erzählte er mir, dass die Chefin des Hotels, in dem ich untergebracht war, dem Krankenhaus die Übernachtung für mich geschenkt habe. Sie hatte erfahren, worum es in der Veranstaltung ging, und wollte dieses Vorhaben unterstützen. Ja – dieser Arzt war gut vernetzt und hatte offensichtlich auch die Gabe, andere Menschen zu motivieren und zu begeistern. Wie alle wirklich großen Menschen war dieser Arzt sehr bescheiden. Wir saßen bei einem Kaffee in der Cafeteria und unterhielten uns einfach so. Ich stellte ihm viele Fragen und er nahm sich die Zeit, um mir alles aus seiner beruflichen und persönlichen Sicht zu erklären. Viele der Fragen, die in meinem Kopf im Vorfeld zu der Veranstaltung herumschwirrten, betrafen auch Themen, mit denen er sich beruflich beschäftigte. Ich fand es wunderbar, dass er sich Zeit nahm, um mit einem medizinischen Laien darüber zu diskutieren.

Es dauerte nicht lange und die Leute trafen ein. Es waren nicht so viele Menschen, wie wir gehofft hatten, aber immerhin waren schon circa 25 Leute da. Der Arzt hatte auf der Bühne neben meinem Rednerpult einen Tisch platziert, an dem er saß und das Publikum anschaute. Er wollte vermutlich beobachten, wie es seinen Patienten bei dem Vortrag ging. Nach einer kurzen Einleitungsrede des Arztes begann ich zu sprechen. Es wurde auf einmal sehr still im Raum. Während ich redete, sah ich eine Frau in der vordersten Reihe, die Tränen in den Augen hatte. Ich sah einen Mann mit einem superschönen Anzug. Ich sah einen anderen Mann, der ein wenig zitterte, und eine Frau, die leise weinte. Zwei Männer und eine Frau strahlten mich an, während ich sprach. Es war für mich wie im Kino, dort vorne zu stehen. So viele Gesichter und so viele Geschichten, die hinter diesen Gesichtern versteckt waren. Man konnte sie fast spüren. Die Angst vor dem Scheitern und die Belastung durch Schulden, beides war diesen Menschen ganz offensichtlich nicht fremd. Vielleicht war das der Grund, warum der Chefarzt gerade dieses Thema in einer Veranstaltung behandeln wollte. Ich versuchte zu spüren, ob mein Vortrag zu viel für die Menschen im Raum war, denn ich erzählte auch die Geschichte vom Hinfallen, die sicherlich einige dieser Menschen selbst erlebt hatten. Ich wusste nicht, ob das der Grund war, warum sie psychologische Behandlung brauchten, aber ich wollte sie nicht noch in eine schlimmere Krise stürzen. Immer wenn ich dachte: »Das ist zu viel«, integrierte ich spontan einen Witz, um das Ganze aufzulockern und zu entspannen. Ob das nun aus psychologischer Sicht die richtige Methode ist, um Menschen vor zu viel Leid zu schützen, weiß ich nicht. Aber ich nahm an, dass der Arzt intervenieren würde, wenn irgendetwas es für seine Patienten nicht gut wäre.

Als der Vortrag zu Ende war, forderten wir die Zuhörer auf, Fragen zu stellen. Ein Mann, Leiter eines regionalen Verbandes, stand auf und ergriff das Wort. Er sagte, er sei insolvent gewesen und er könne nur bestätigen, dass es schwer ist, aber auch, dass es irgendwann weitergeht. Ich war von seinem Mut schwer beeindruckt. In seiner Position so offen zu sprechen! Ich fand das wundervoll. Das ist doch einmal ein Wirtschaftsverband, der die reale Wirtschaft mit allen Höhen und Tiefen kennt! Ein echter Wirtschaftsverband. Ein anderer Mann erzählte, dass er wegen seiner Überschuldung einen Nervenzusammenbruch erlitten habe. Er werde deswegen gerade in der Klinik behandelt und der Herr Doktor habe ihm geraten, wieder in geringem Maße weiterzuarbeiten, damit er an Selbstvertrauen gewinnen würde. Als er einen kleinen Auftrag annehmen wollte, habe sich der potenzielle Auftraggeber als Detektiv der Krankenversicherung entpuppt, woraufhin sofort sein Krankengeld gestoppt wurde. Gemeinsam mit dem Arzt kämpfte er nun dafür, dass die Behandlung noch weiter bezahlt würde. Er hatte ja nicht voll gearbeitet. Er wollte diesen Auftrag nur annehmen, um zu sehen, ob es bergauf geht, wenn er arbeitet.

Dann stand der stattliche Mann in dem schönen Anzug auf, der in der ersten Reihe saß. Er drehte mir den Rücken zu und schaute das Publikum an. Er sagte: »Ihr kennt mich alle hier. Ich möchte heute zwei Tabus brechen. Erstens bin ich Patient in dieser psychiatrischen Klinik, und zweitens bin ich insolvent.« Seine Worte arbeiteten in mir. Wie viele Tabus haben wir noch? Es stimmt, es ist ein Tabu, wenn man sich in der Psychiatrie behandeln lässt. Nicht umsonst kennt jeder in jeder Stadt den Stadtteil, in der die psychiatrische Klinik sich befindet. Oft steht der Name dieses Stadtteils stellvertretend für das Verrücktsein. Warum ist das aber ein solches Tabu? Ist es nicht vernünftig, sich behandeln zu lassen, wenn man nicht gesund ist? Ist es nicht viel verrückter, sich nicht behandeln zu lassen? Bewirkt dieses Tabu nicht nur, dass die Menschen so lange warten, bis sie irgendeine Kurzschlusshandlung begehen? Mark Twain sagte einmal: »Wenn wir bedenken, dass wir alle verrückt sind, verschwinden die Mysterien und das Leben ist erklärt.« Und wir sind doch verrückt, denn welche Hürden wollen wir noch für uns aufstellen? Man darf keine psychiatrische Hilfe in Anspruch nehmen. Man darf nicht scheitern. Man darf keine Fehler haben. Man darf nicht arbeitslos sein. Auf diese Weise könnte ich ganz leicht irgendwann die zehn Gebote neu schreiben, und sie hätten alle nur mit »man darf nicht« zu tun.

Vielleicht besinnen wir uns doch besser auf die zehn Gebote, die in verschiedenen Formen in fast allen Religionen der Welt verankert sind. Es heißt doch in der Bibel, dass man seinen Nächsten lieben sollte wie sich selber. Was ist das denn für eine Nächstenliebe, wenn man dem anderen nicht erlaubt, Hilfe zu suchen, Fehler zu machen, zu scheitern oder arbeitslos zu sein? Und was für eine Liebe zu uns selbst wäre das, wenn wir es uns verbieten würden, Hilfe zu suchen oder Fehler machen zu dürfen? Was haben aber all diese Tabus gemeinsam? Das wollte ich herausfinden. Der Mann redete nun weiter: »Wollen wir nicht eine Selbsthilfegruppe gründen?« Ich schaute den Arzt an, und er lächelte zurück. Ich kann es nur vermuten, aber ich glaube, dass dieser Arzt ein sehr kluger Mann ist. Vielleicht gab es irgendetwas, das er aufgrund seiner Schweigepflicht nicht sagen konnte und was sich nun durch die Veranstaltung gelöst hatte. Das war ein gutes Ergebnis.

Als ich nach Hause fuhr, freute ich mich sehr über die Veranstaltung. Sie würde mich lange beschäftigen und das, was sie an Gedanken zu Tabus in mir ausgelöst hatte, würde mich noch länger begleiten. Tabu ist ein Wort, das aus dem Polynesischen stammt. Das Wort wurde von James Cook, dem britischen Seefahrer und Entdecker, von seiner Fahrt nach Tonga 1777 nach Europa gebracht. Im Polynesischen bezeichnet das Wort »tapu« (oder zu Deutsch: Tabu) etwas Heiliges. Die maorischen Priester auf Tonga hatten einige Dinge für heilig erklärt, damit man nicht darüber sprach und die Ressourcen, die mit dem Heiligen verbunden waren, nicht ausgebeutet wurden. So konnte beispielsweise ein Fischteich heilig und somit ein Tabu sein. Jetzt kommen wir der Sache schon näher: Wie viele unserer Tabus haben etwas Heiliges, und welche Ressourcen für unser Leben könnten diese Tabus schützen wollen? Ich denke an drei Tabus: Scheitern – Arbeitslosigkeit – psychiatrische Hilfe. Könnte das Scheitern uns lehren, weniger Angst vor dem Versagen zu haben? Könnte es uns mutiger und entschlossener machen? Könnte eine vorübergehende Arbeitslosigkeit uns einen Einblick in die Welt geben, über die wir sonst niemals nachdenken? Oder uns die Zeit geben, überhaupt nachzudenken und neue Wege zu gehen? Könnte psychiatrische Hilfe uns zu ungeahnten Stärken führen? Und was für einen Vorteil hätte es dann, diese Tabus zu etwas Unaussprechlichem zu machen?

Zum ersten Mal in meinem Leben interessierte ich mich wirklich für die Psychologie. Ein Fach, mit dem ich früher nichts anfangen konnte. Es war für mich immer etwas Unbegreifliches. Man hatte mir schon oft gesagt, dass ich nicht normal sei. Aber was ist schon normal? Das Leben ist sicherlich viel reicher an Erfahrungen, wenn man ein wenig von der Norm abweicht. Da hilft auch etwas Geschichtsunterricht weiter. Ein Narr ist ein Halbwahnsinniger und er besitzt seit dem Mittelalter Narrenfreiheit, darf also ohne Sorge auch unangenehme Wahrheiten aussprechen. So gesehen ist es vielleicht nicht ganz so schlimm, wenn man nicht normal ist und kein Blatt vor den Mund nimmt!

Immer wenn ich über diese Veranstaltung nachdachte, fragte ich mich auch, was Scheitern wirklich ist. Ich hatte mich vorher nur mit den Folgen des Scheiterns und mit dem Umgang damit befasst. Nie hatte ich überlegt, woher das Scheitern kommt. Im Englischen gibt es viele Wörter für das Scheitern: kollabieren, fehlschlagen, durchfallen, missglücken, auf Grund laufen, gestrandet sein, zusammenbrechen, zunichte machen, verzweifelten Kummer haben, sogar auch sterben. Auch das Deutsche kennt eine Vielzahl von Wörtern für das Scheitern, aber sie stehen nicht immer augenscheinlich im Zusammenhang mit dem Scheitern.

In der Seefahrt steht das Wort Scheitern für ein Schiffsunglück, bei dem das Schiff vom Sturm auf Klippen oder eine felsige Küste geworfen wird und unter den Wellenstößen zerschellt. Alles ist vorbei – anscheinend. Albert Einstein sagte: »Ich selber werde nie durch das Meer, sondern nur durch die Menschen seekrank. Ich fürchte aber, dass die Wissenschaft diesem Übel gegenüber noch hilflos dasteht.« War Albert Einstein, der berühmte Physiker, vielleicht auch ein Seefahrer? Je mehr ich darüber lese, desto mehr bin ich davon überzeugt, dass die Vorreiter unserer Gesellschaft Seefahrer gewesen sein müssen. Wie schade, dass meine Familie nie das Geld hatte, um mir eine Segelausbildung zu bezahlen! Ich finde, dass das Segeln auf dem Schiff des Lebens durch Sturm und Flaute ein wunderbares Bild für das Auf und Ab des Lebens, für das Aufgeben, Scheitern und Weitermachen ist. Und wie würde ein guter Seemann wohl eine echte Lebenskrise überwinden? Es gibt drei Manöver beim Segeln, die besonders gut demonstrieren, wie man mit schwierigen Situationen umgehen soll. Die Q-Wende (oder Kuh-Wende) ist ein solches Manöver, bei dem man bei extremen Wetterlagen einen 270°-Kreis fährt, um ans Ziel zu gelangen. Ein Ziel, das in der Richtung liegt, aus der der Wind weht, erreicht man mit einer Zickzack-Bewegung. So überwindet man den Gegenwind. Dieses Manöver nennt man Kreuzen oder Aufkreuzen. Vielleicht kann man in der Lebenskrise bei Gegenwind nicht einfach stur weiter das Gleiche machen. Manchmal muss man einen anderen Weg gehen, um zum Ziel zu kommen. Der indirekte Weg des Zickzack-Kurses wirkt vielleicht verwirrend und kostet Kraft, weil er einfach länger ist. Aber nur durch diese anderen Wege kommt man zum Ziel. Das zweite Manöver ist der Aufschießer, bei dem die Bugspitze in den Wind dreht. Ein Aufschießer ist die einzige Möglichkeit, ein Segelschiff ganz zum Stehen zu bringen. Wenn man das versucht, ist höchste Konzentration und sehr viel Erfahrung erforderlich. Das Schiff nimmt durch den Wind von vorne viel Fahrt auf und kann bei leicht seitlichem Wind sehr schnell zu einer Seite hin abfallen und kentern. Wer sich in einer Krise befindet, dem nützt es nichts, wenn er versucht, die Krise mit aller Gewalt zu Ende zu bringen. Das bringt genauso viel Instabilität für den Einzelnen wie für das Schiff, wenn es einfach zum Stillstand kommen soll. In der Seefahrt war früher der Stillstand oder die Flaute oft tödlich. Man kam nirgendwo hin und die Lebensmittel gingen aus. Wenn man überleben wollte, musste man Hilfe holen, Ruderer an Bord nehmen, damit es irgendwie weiterging.

Ich musste wieder einmal an Churchill denken. So allmählich verstehe ich, warum er so viele Krisen überwunden hat. Es kann nicht nur das Klavierspielen gewesen sein. Churchill war auch Erster Lord der Admiralität und in dieser Funktion erfüllte er als Mitglied des Kabinetts und Oberbefehlshaber der Marine eine Scharnierfunktion zwischen der zivilen Staatsführung und der militärischen Institution der Marine. Er repräsentierte als verantwortlicher Minister die Belange der Royal Navy vor dem Parlament. Er war nicht nur krisenerprobt. Er bekam nicht nur einfach so immer wieder neue Chancen. Er muss auch etwas von der Seefahrt verstanden haben. Während ich das Thema Seefahrt recherchierte, wurde mir immer klarer, was einen Seemann in einem gewissen Sinne krisensicher macht. Man lernt Krisen zu meistern, auch wenn man sie nicht abwenden kann. Kein Wunder, dass die Churchills in ihrem Familienwappen eine Jakobsmuschel haben, die natürlich aus dem Meer stammt. Das kann kein Zufall sein. Die See ist die Antwort auf viele Probleme, wenn man nur hinschaut. Meine Mutter hatte mir als Kind sehr viel von Winston Churchill erzählt, und ich dachte, sie sei verrückt. Was sollte ich von einem Mann lernen, der immer mit der Zigarre im Mund durch die Gegend lief? Vielleicht ist es aber so, dass auch Mütter mehr wissen, als man ihnen zutraut, denn dieser Mann fing an, mein Neugier zu wecken. Was steckte wohl sonst noch alles in seiner Geschichte, was sich zu lernen lohnte?

Wenn wir auf das Scheitern zusteuern, wäre es also nach Seemannsweisheit logisch, sich Hilfe zu holen, anstatt einfach zu warten und zu glauben, wir würden es ohne fremde Hilfe schaffen. Vielleicht sollte ich doch noch das Segeln lernen, wenn ich wieder ganz solvent bin. Wenn aus meinem Cash-Rinnsal ein Cashflow wird, dann könnte ich mein Schiff wieder zu Wasser lassen und wer weiß, was dann möglich ist. Vielleicht wäre ich dann für die ruhigen und unruhigen Gewässer, die in meinem Leben sicherlich noch kommen werden, besser gewappnet. Vielleicht wäre das Segeln ein wichtiges Fach für Kinder in der Schule, denn ein Seemann, der nicht auf sich vertraut, schafft es sicherlich nicht, dem Sturm zu trotzen. Seeleute müssen also immer die Ruhe und die Selbstsicherheit haben, um die Stürme zu meistern. Daniel Defoe sagte: »Ein alter und erfahrener Lotse verliert sein Schiff durch allzu große Selbstsicherheit wie ein junger Lotse durch Unkenntnis und Mangel an Erfahrung.« Es kommt also auf das richtige Maß an Selbstvertrauen an. Derjenige, der glaubt, er weiß alles, der scheitert. Derjenige, der denkt, alles ist einfach, dem fehlt es an Erfahrung, und er scheitert auch. Wir müssen den Mittelweg suchen. Aber das ist eine der schwersten Übungen.

Bei all den Weisheiten, die im Segeln versteckt sind, ist es kein Wunder, dass in der deutschen Sprache so viele Begriffe aus dem Segeln kommen. Das ist für ein Land mit wenig Küste doch erstaunlich. Wenn man aber weiß, dass Krisen sich so meistern lassen, dann haben die Seeleute uns in ihrem Wortschatz wirklich ein paar Perlen hinterlassen. Man sagt »klar Schiff machen«, wenn man aufräumen, Ordnung schaffen, die Übersicht gewinnen oder sich bereitmachen meint. In der Krise kann man das auch anwenden. Man sagt »hart am Wind segeln«, wenn man ein Risiko eingehen, sich in Gefahr befinden, den Widrigkeiten trotzen, sich an der Grenze zum Ruin zu befinden meint. An diese Grenze kommen wir alle irgendwann. Es droht alles zu scheitern, und wir segeln wirklich hart am Wind. Wenn man jemandem »den Wind aus den Segeln nimmt«, dann meint man, jemandem die Möglichkeit zum Handeln nehmen, jemanden entmutigen, jemandes Ideen oder Vorschläge oder jemandes Argumente entkräften. Was nimmt einem mehr den Wind aus den Segeln als ein vermeintliches Scheitern? Wenn man von »gegen den Wind segeln« redet, dann meint man »in Opposition gehen« oder sich gegen die allgemeine Meinung stellen. Gegen den Wind segelt man, wenn man die Krise nicht annimmt. Sagt man, »jemandem einen Schuss vor den Bug geben«, meint man, jemand stoppen oder zurückweisen oder eine Warnung aussprechen. Bei Seegefechten signalisierte man mit einem Schuss vor den Bug, dass das andere Schiff in Reichweite der eigenen Kanonen liegt und gegebenenfalls versenkt werden kann. Der Schuss vor den Bug war die letzte Warnung und auch eine Aufforderung zum kampflosen Aufgeben. Also, da haben wir es – sogar die Seeleute wurden gezwungen, die Niederlage zu akzeptieren. Eine Breitseite auf jemanden abfeuern bedeutet, dass man jemanden angreift. Die Breitseite ist die Längsseite des Schiffes. An der Breitseite waren alle Kanonen untergebracht. In der Krise haben wir oft das Gefühl, volle Breitseite abzubekommen. Dann gibt es den Ausdruck »die Segel streichen«, welcher aufgeben, stilllegen, kapitulieren meint. Ein guter Seemann weiß, wann es Zeit ist, aufzugeben und die Kapitulation in Kauf zu nehmen. Es gibt nur einen sicheren Weg, jegliches Scheitern zu vermeiden. Ferdinand de Magellan, der portugiesische Seefahrer, sagte: »Wer an der Küste bleibt, kann keine neuen Ozeane entdecken.« Und das stimmt. Wer erst gar nicht anfängt, richtig zu leben, wird auch nicht scheitern. Es wäre doch traurig, wenn wir alle diesen Weg gehen würden. Manche Wege sind eben mit einem Risiko verbunden, aber wenn niemand sie geht, dann wird das Leben langweilig, weil wir nichts Neues dabei entdecken.

Aber was macht ein Seemann, wenn er wirklich scheitert? Ohne ein Schiff müsste ein Seemann doch ein für alle Mal verloren haben. Auch dafür gibt es ein berühmtes Beispiel – ich denke an das weltberühmte Buch »Robinson Crusoe« von dem englischen Schriftsteller Daniel Defoe. Das Werk wurde angeblich von dem schottischen Schiffbrüchigen Alexander Selkirk inspiriert. In dieser Geschichte segelte Robinson Crusoe ab Hull (Kingston-upon-Hull) in Yorkshire vom Queens Dock los. (Merkwürdig, denn ich habe in Hull in England studiert!) Bei seiner ersten Fahrt wird das Schiff von einem Sturm ruiniert. Robinson Crusoe gibt nicht auf, sondern glaubt an die zweite Chance. Beim zweiten Mal wird sein Schiff von Piraten geentert. Robinson Crusoe wird als Sklave gehalten. Irgendwann entkommt er und lernt einen portugiesischen Kapitän kennen. Mit diesem segelt er nach Brasilien. Dort kauft Robinson Crusoe eine Plantage. Viele Jahre später begibt er sich an Bord eines Schiffes nach Afrika, um von dort Sklaven für die Plantage mitzubringen. Das Schiff erleidet Schiffbruch. Kein Mitglied der Besatzung mit Ausnahme von Robinson Crusoe überlebt das Unglück. Als er zu sich kommt, merkt er, dass er auf einer einsamen Insel ist. Er baut sich eine kleine Hütte. Er fängt an, Getreide anzubauen und zu jagen. Eines Tages erscheinen Wilde auf seiner Insel. Sie verfolgen einen Mann, den sie schlachten wollen. Die Wilden sind Kannibalen. Der Verfolgte und Robinson Crusoe töten die Kannibalen. Der Verfolgte wird später Crusoes Freund und Diener, den er »Freitag« nennt. Er bringt Freitag die englische Sprache bei und macht ihn mit der europäischen Lebensweise vertraut. Er erzählt ihm von seinen moralischen und religiösen Werten. Eines Tages hilft Robinson Crusoe, ein Schiff vor Meuterern zu retten, und fährt mit dem Schiff nach England zurück. Später trifft er den portugiesischen Kapitän wieder, der ihm erzählt, dass er (Crusoe) mittlerweile ein wohlhabender Mann ist, da die Plantagen sehr viel Geld eingebracht haben. Er verkauft die Plantagen und heiratet. Nach dem

Tod seiner Frau fährt er auf die Insel zurück und stellt fest, dass sich dort eine friedliche Kolonie gebildet hat.

Nach seinem Schiffbruch hatte Robinson Crusoe das Gefühl, alleine und verlassen zu sein. Das Gefühl kenne ich, denn wer gescheitert ist, fühlt sich im ersten Moment sehr isoliert. Dann setzt er sich mit der Situation auseinander und schaut, wie er leben kann. Genau das musste ich auch machen, denn das Leben musste weitergehen, auch wenn die Bedingungen dafür im ersten Moment nicht gerade günstig erschienen. Dann findet Robinson Crusoe einen Freund – Freitag – und hilft ihm. So war es auch bei mir. Er unterhält sich mit dem Freund und lernt selber dabei auch sehr viel. Auch ich habe von meinen Freunden und von anderen Insolventen (oder wenn man so will: Gescheiterten) viel erfahren und gelernt. Und wenn alles durchgestanden ist, dann hat alles auf einmal wieder einen Sinn, und es geht aufwärts. Na gut – diesen Teil muss ich noch abwarten, aber ich bin mir sehr sicher, dass es so sein wird. Wer hätte je gedacht, dass eine Engländerin von der Insel nach Deutschland kommen muss, um zu lernen, wie man segelt? Mir fällt auf, dass Robinson Crusoe nicht nur eine zweite Chance hatte, sondern eine dritte und eine vierte Chance. Er gab niemals auf. Ich muss dieses Buch unbedingt noch einmal lesen. Vielleicht werde ich beim Lesen noch mehr entdecken, was für die Bewältigung des Scheiterns wichtig ist.

Der Autor des »Robinson Crusoe«, Daniel Defoe, sagte einmal: »Viele fordern laut, die Schuldigen zu bestrafen, aber wenige bemühen sich, die Unschuldigen zu rehabilitieren.« Daniel Defoe hatte sehr viele Schulden. Schon wieder einer, der in der Krise aufgestanden ist und etwas getan hat. Wie schade, dass wir so wenig über diese Erlebnisse erfahren, wenn von ihm die Rede ist. Wie unterscheidet man jedoch diejenigen, die schuldig sind, von den Unschuldigen? Oder ist Schuld ein Begriff, der näher definiert werden muss? Ist man schuld, wenn man in bester Absicht einen Fehler begangen hat? Oder ist man schuld, wenn man böswillig etwas herbeigeführt hat? Auf jeden Fall stimme ich mit Defoe überein, wenn er sagt, dass »die Unschuldigen« zu rehabilitieren sind. Die Unschuldigen sind für meine Begriffe diejenigen, die sich nicht mit Absicht in diese Situation gebracht haben; sie sind zu rehabilitieren. Sie verdienen eine zweite Chance. Habilitieren stammt von dem lateinischen Wort »habilitare« ab, welches »befähigen, geschickt machen« bedeutet. Wäre es nicht schön, wenn die Gescheiterten wieder befähigt werden könnten, wenn sie wieder geschickt gemacht werden könnten? Dann würde »rehabilitieren« heißen, dass die zweite Chance für die Gescheiterten erleichtert wird.

Was der Chefarzt wohl dazu sagen würde, wenn er wüsste, auf welche Gedanken er mich gebracht hatte? Möglicherweise hatte er geahnt, was mir alles durch den Kopf gehen würde. Er hatte mich vielleicht nicht ohne Grund in einem Hotel direkt am Fluss untergebracht. Von meinem Zimmer aus konnte ich die Schiffe beobachten. Vielleicht würde er aber auch denken, dass ich verrückt bin – ich war von der Psychiatrie und Psychologie über das Klavierspielen und die Bäume zur Homöopathie, zum Segeln und schließlich zu Robinson Crusoe gekommen. Und das nur, weil ich an einem Abend in seiner Klinik einen Vortrag halten durfte.

Mittlerweile fand ich in fast jedem Thema etwas, das sich – direkt oder indirekt – mit dem Zustand des Scheiterns beschäftigte und Anregungen dafür bot, wie ein Weg für die zweite Chance aussehen könnte. Vielleicht bin ich inzwischen zum Fachidioten geworden, der nur noch auf das eine Thema stößt, das ihn so sehr interessiert. Aber Verrücktheit muss nicht unbedingt ein Zeichen für den Zusammenbruch sein. Verrücktheit kann auch der Anfang für einen Durchbruch sein. Und wenn man es schaffen würde, im Umgang mit dem Scheitern in Deutschland einen Durchbruch zu erzielen, dann bin ich gerne verrückt.

Begegnungen –
Überschuldung und Insolvenz
sind überall

In der Zeit der Insolvenz saß ich auf dem Weg zu einer Veranstaltung oft im Zug. Meistens war ich dabei sehr in Gedanken. Wer würde dieses Mal bei der Veranstaltung dabei sein? Was würde ich lernen? Ich fragte mich auch immer, ob die Veranstaltung gut ankommen würde: Ich wollte jede sich bietende Gelegenheit nutzen, um das Thema ins Gespräch zu bringen. Wenn die Veranstaltung aber nicht gut lief, dann würde ich dieses Ziel nicht erreichen. Oft kam es mir komisch vor, dass ich so viel reisen durfte. Schließlich war ich ja pleite. Manchmal flog ich zu einer Veranstaltung und dann musste ich schmunzeln. Eine Jetsetterin, die insolvent ist. Das ist wirklich mal etwas Neues. Immer schaute ich in die Gesichter der Mitreisenden und überlegte mir, welche Sorgen sie haben könnten. Waren sie zu einem Geschäftstermin unterwegs? Wie sehen sie das Thema Insolvenz, wenn bei ihnen alles in Ordnung ist? Warum wirkten sie so gestresst? Kämpften sie gerade um ihre Existenz? Hatten sie Probleme anderer Art? Und so bewegten mich viele Fragen mehr.

Bei jeder Reise lernte ich neue Menschen kennen. Jede Reise war eine menschliche Bildungsreise. Der griechische Dichter Homer sagte: »Gleich und gleich gesellt sich gern.« Demnach müsste ich eigentlich doch immer auf meinesgleichen treffen. Aber es ist doch eher unwahrscheinlich, zufällig auf so viele Insolventen zu stoßen – oder? Auf dem Weg zu einer Veranstaltung am Bodensee musste ich in Ulm umsteigen. Die Umsteigezeit war recht knapp bemessen, und ich war sehr nervös, denn es schneite und oft gab es dann Zeitverzögerungen mit den Zügen. Ich mag es eigentlich gar nicht umzusteigen, weil es dann Probleme gibt, wenn der erste Zug Verspätung hat. Mein Rollkoffer war mittlerweile von den vielen Reisen in Mitleidenschaft gezogen und eierte. Also konnte ich nicht so einfach mit einem rollenden Koffer rennen. Ich konnte ihn auch nicht tragen, denn er war viel zu groß für mich und bei meiner Körpergröße von 1,64 Meter schleifte er immer am Boden. Es gab immer wieder hochgezogene Augenbrauen, wenn ich mit meinem überdimensionierten Koffer zu einer Veranstaltung kam, bei der ich nur einmal übernachten musste. Bestimmt dachten die Menschen, dass ich nicht wusste, wie man reist. Dabei konnte ich es mir einfach nicht leisten, einen neuen kleinen Koffer zu kaufen.

Ich hoffte, dass ich den Zug erreichen würde, denn schon wieder hatte der erste Zug ein wenig Verspätung. Ich schaffte es gerade so. Als ich eingestiegen war, nahm ich die Treppe zur oberen Etage dieses Regionalzuges. Endlich saß ich und freute mich sehr, dass ich den Zug erreicht hatte. Dann kam die Durchsage: Wegen einer gefrorenen Weiche würde sich die Fahrt um circa dreißig Minuten verzögern. Der Mann, der mir gegenübersaß, stöhnte auf. Ich sagte, das sei nicht so schlimm. Ich würde viel mit dem Zug fahren, seitdem ich kein Auto mehr hatte, und auf einer längeren Strecke würden die Züge oft einiges an Zeit aufholen. Er erwiderte, dass er auch kein Auto mehr hätte, aber bestimmt nicht aus den gleichen Gründen wie ich. Ich sagte: »Wieso denn, sind Sie auch insolvent?« Auf einmal setzte er sich aufrecht hin und schaute mich an, als ob ich eine Hellseherin wäre. Er sagte ganz erstaunt: »Woher wissen Sie, dass ich insolvent bin?« Ich erwiderte: »Das wusste ich nicht. Ich bin aber insolvent und habe deshalb kein Auto mehr.« Trotz unseres ernsten Themas mussten wir beide spontan lachen. Ausgerechnet auf dieser Etage dieses einen Zuges mussten sich zwei Insolvente gegenübersitzen!

Manchmal gibt es eben keine Zufälle. Dieser Mann hatte genau die gleichen Probleme durchlebt wie ich. Es stellte sich im Laufe des Gesprächs heraus, dass er mittlerweile Geld geerbt hatte und er so alle Schulden bezahlen konnte. Nun aber wartete er seit Wochen darauf, die Restschuldbefreiung zu bekommen. Das Gericht hatte das offizielle Schreiben zu seiner Entlassung aus der Insolvenz noch nicht fertiggestellt. Es kommt nicht so oft vor, dass ein Schuldner vorzeitig aus der Insolvenz entlassen wird. Der Mann sagte, er fände es schwer zu warten, denn er sehnte sich danach, wieder frei zu sein. Die Situation war schon lustig. Auf dieser Fahrt mit dem Zug haben wir zwei uns so angehört, als würden wir bei einer Konferenz zum Thema Insolvenz sprechen. Ständig ging es darum, was jeder von uns an der Insolvenzordnung ändern würde, wenn wir der Gesetzgeber wären. Wir sprachen auch darüber, was wir an der Gesellschaft ändern würden. Wir fanden es beide schlimm, dass man sofort in einer Schublade landet, wenn nur das Wort Insolvenz fällt. Sofort stehen – ausgesprochen oder unausgesprochen – zahlreiche Vorurteile und Vorwürfe im Raum: Man sei verantwortungslos mit Geld umgegangen. Es würde einen nicht interessieren, wenn man anderen Menschen Geld schuldete. Man sei halbkriminell. Und so weiter.

Der Mann war auch aus einem besonderen Grund verärgert. Immer wenn er mit seinem Insolvenzverwalter telefonieren wollte, um zu erfahren, wie weit es mit der Restschuldbefreiung sei, war dieser nicht für ihn erreichbar. Wenn er anderen davon erzählte, würden die Menschen immer sagen, ein Schuldner muss warten, schließlich schuldet er Menschen etwas. Er schuldete aber niemandem mehr etwas. Er hatte alle Schulden, die Gerichtsgebühren und die Insolvenzverwaltergebühren bezahlt. Er wartete lediglich auf die Bestätigung, was von seiner Erbschaft übrig geblieben war und dass er sich wieder normal am Wirtschaftsverkehr und am Leben beteiligen dürfe. Er schien genauso zu denken wie ich. Er betonte immer wieder, es müsse sich etwas ändern, damit die zweite Chance keine so große Hürde mehr war. Der Volksmund sagt, dass wir die Menschen lieben, die einfach sagen, was sie denken, und dies besonders, wenn sie das Gleiche denken wie wir. Nun ja – verliebt hatte ich mich nicht gerade, aber dieser Mann war mir einfach sehr sympathisch.

Die Begegnung mit ihm war faszinierend, denn ich hatte erst kurz davor gelesen, dass die ersten Fälle der Restschuldbefreiung anstanden. Vermutlich gehörte er tatsächlich zu den Ersten, die frühzeitig ihre Schulden getilgt haben, denn so lange gab es die neue Insolvenzordnung noch nicht. Ich fand es erstaunlich, dass wir wirklich beide das Gleiche zu denken schienen. Ich beschloss, mehr darüber zu lesen, denn eine Befreiung hatte sich dieser Mann wahrlich verdient, wenn alle Schulden bezahlt waren. Was konnte man tun, um ihn von dem Stigma zu befreien, das ihn immer noch zu begleiten schien? Es waren in den Jahren der Insolvenz viele solcher Begegnungen, die meinen Horizont erweiterten und mir neue Aspekte des Themas lieferten. So viele verschiedene Blickwinkel auf ein Thema hätte ich ohne diese Menschen nie bekommen.

Eines Abends stöberte ich in einem virtuellen Business-Netzwerk. Ich hoffte, neue Kontakte zu finden, die mir dabei helfen könnten, das Thema der zweiten Chance voranzubringen. Vielleicht würde ich auf neue Ideen kommen. Plötzlich kam eine Nachricht von jemandem aus dem Netzwerk bei mir an. Die Nachricht war von einer Frau, die die Abkürzung »Sr.« vor ihrem Namen hatte. Sie schrieb mir: »Sie gefallen mir mit Ihrer Entschlossenheit, nicht aufzugeben, die wieder andere ermutigt. Meine Nichte ist Schuldnerberaterin in Berlin, daher weiß ich um die Dringlichkeit des Insolvenz-Themas. Vielleicht haben Sie vor diesem Hintergrund einfach ein bisschen Freude an den Texten und Bildern meiner Homepage.« Ich grübelte und grübelte. Was könnte »Sr.« denn bloß heißen? Das hatte ich noch nie gesehen. Trotz mehr als 20 Jahren in Deutschland gab es für mich immer wieder eine neue sprachliche Herausforderung. Eigentlich hätte ich es aber als Engländerin wissen müssen, denn wenn »Mr.« »Mister« heißt, muss logischerweise »Sr.« »Sister« (= Schwester) heißen. Aber ich bin einfach nicht darauf gekommen.

Ich klickte auf die Internetseite der Absenderin und da schaute mich eine wunderschöne Nonne an. Ich musste sofort an Hildegard von Bingen denken, die ich sehr verehre. Hildegard von Bingen war Seherin, Prophetin, Theologin, Schriftstellerin, Komponistin, Äbtissin, Naturwissenschaftlerin, Musikerin, Ethikspezialistin, Kosmologin, Heilkundige und Philosophin. Man sagt, sie sei die erste Frauenrechtlerin gewesen. Sie hatte so schöne Sachen gesagt wie zum Beispiel: »Die Augen sind die Fenster der Seele.« Ich liebe Augen und finde auch, dass man in den Augen des Menschen vieles lesen kann. Die Augen dieser Ordensschwester, die mir schrieb, waren auf dem Foto im Netz hell und leuchtend. Hildegard von Bingen hatte auch gesagt: »Dein Schöpfer hat dir den besten Schatz gegeben, einen lebendigen Schatz: deinen Verstand.« Sie war doch eine weise Frau, die wahrscheinlich auch wusste, dass dieser Schatz nicht durch ein Scheitern oder eine Insolvenz verloren gehen muss. Ich hatte viel über sie gelesen, denn ich wollte lernen, wie man von Dinkelmehl zum Frauenrecht, von der Musik zur Heilkunst und vom Schriftstellern zur Philosophie kommt. Wenn Philosophie die Suche nach der Weisheit ist, müsste ich mich irgendwann damit beschäftigen, denn ein bisschen Weisheit schadet sicherlich niemandem. Die Bilder von Hildegard von Bingen zeigen sie immer in Nonnentracht. Und immer wenn ich Nonnen im Zug sah, habe ich mich gefragt, ob sie denn alle so vielseitig und umsichtig sind.

Diese Ordensschwester nun weckte meine Neugier. Was tat sie in einem virtuellen Business-Netzwerk? War sie vielleicht eine moderne Hildegard von Bingen? Warum hatte sie mich angeschrieben? Ich musste einfach mehr wissen. Auf ihrer Internetseite beschrieb sie, wie sie in der DDR geboren und katholisch getauft wurde, welche Berufsausbildung sie genossen hatte und wie sie eine Prüfung ablegte, die von einem Bischof anerkannt wurde. Sie beschrieb auch, wie sie nach der Wende ein Gelübde ablegte und dann Vinzentinerin wurde. Die Vinzentinerinnen kannte ich nicht. Ich bin zwar in einer Kirchenschule groß geworden, aber bei uns gab es keine Nonnen in der Schule. Ich hatte mich lange nicht mehr mit Religion beschäftigt. Heute würde ich mich zwar als religiös bezeichnen, ich wüsste jedoch nicht zu sagen, welcher Religion ich angehöre. Als Kind hatte ich über alle Religionen etwas gelesen und sie alle faszinierten mich – vor allem die Dinge, die in jeder Religion gleich waren. Irgendwie denke ich nun als Erwachsene, dass es schön ist, religiös zu sein, ohne einer Religion anzugehören. Damit schließt man niemanden aus und hat die Möglichkeit, von allen Religionen zu lernen.

Wie komisch, dass es in den Schulen in Deutschland einen Unterschied zwischen den Religionen gibt. Es geht so weit, dass man zwei Fächer hat: Religion für die Christen und Ethik für diejenigen, die eine andere oder keine Religion haben, wie die Buddhisten, die Moslems, die Hindus und die Atheisten. Vielleicht sollte man alle in einem Fach zusammenbringen und über alle Religionen zusammen diskutieren! Mahatma Gandhi sagte: »Die Religionen sind verschiedene Wege, die im gleichen Punkt münden. Was macht es, dass wir verschiedene Wege gehen, wenn wir nur das gleiche Ziel erreichen?« Das Ziel, einfach voneinander zu lernen, wäre doch nicht schlecht. Aber ich schweife ab ... Auf jeden Fall kannte ich die Vinzentinerinnen wirklich nicht und ich fing an zu recherchieren. Ich fand heraus, dass die Vinzentinerinnen nach dem Heiligen Vinzenz von Paul benannt worden sind. Vinzenz war ein Bauernsohn aus der Nähe von Pouy in Frankreich. Seine Familie hatte ihn für den Beruf des Priesters bestimmt und deshalb studierte er in Toulouse Theologie. Er war erst neunzehn Jahre alt, als er zum Priester geweiht wurde. Er fand aber keine Anstellung. Er hatte eine Wallfahrt nach Rom unternommen, aber jemand anderes bekam die Pfarrstelle. Aus seiner Not heraus arbeitete er in einem Internat in Toulouse. Da er aber ständig in Geldnöten steckte, musste er Schulden machen. Irgendwann war es so weit gekommen, dass er vor seinen Gläubigern fliehen musste. In dieser Zeit passierte sehr viel. Er wurde von Seeräubern gefangen gehalten und als Sklave verkauft. Er arbeitete als Aushilfe bei einem Fischer, danach bei einem Alchemisten und dann kam er in den Dienst eines muslimisch gewordenen Franziskaner-Mönchs. Mit diesem Franziskaner floh er dann.

Schließlich wurde Vinzenz 1608 Priester in Paris und lebte in der Hoffnung, dass er endlich wieder finanziell auf eigenen Füßen stehen könnte. 1610 wurde Vinzenz zum geistlichen Berater der Königin Margarete von Valois ernannt. Er setzte sich sehr für die Armen ein und betätigte sich auch als Seelsorger. Als er 1617 in Châtillon-les-Dombes Pfarrer wurde, gründete er eine karitative Frauenvereinigung, die erste Confrérie des Dames de la Charité. Die Frauen kümmerten sich um die Kranken und die Armen. 1625 gründete Vinzenz eine Mission und 1633 in Zusammenarbeit mit Louise de Marillac eine Mission der Frauen, die sich mittlerweile Vinzentinerinnen nannten und den Armen halfen. Sie versorgten die Menschen vor Ort außerhalb des Klosters und kümmerten sich um die Alten, Kranken und Waisen. Später gründete er mehrere Waisenhäuser und ein Lazarett. Der Heilige Vinzenz von Paul ist der Patron aller karitativen Vereine. Na also, da haben wir es: Vinzenz von Paul kannte Schulden, musste selber vor den Gläubigern fliehen und hat aus diesem Grund auch später versucht, anderen zu helfen. Das ist wirklich sehr spannend. Vinzenz gilt als Begründer der neuzeitlichen Caritas. Es war wirklich kein Wunder, dass diese Ordensschwester sich gerade für das Thema Insolvenz interessierte, denn wenn sogar der Heilige Vinzenz von Paul Schulden hatte, muss das doch wirklich ein Thema sein, das in der Kirche bearbeitet werden sollte.

Ich antwortete auf die Nachricht der Ordensschwester und sie erzählte mir, dass die Vinzentinerinnen ein Objekt für wohnungslose Frauen betrieben und dass sie viel mit Insolvenz zu tun habe. Sie hatte hervorragende Ideen, wie man das Thema voranbringen könnte, und schickte mir alle möglichen neuen Kontakte. Diese Nonne war eine pfiffige Frau! Ich freute mich sehr darüber, dass die Ordensschwester sich intensiv um das Thema kümmerte. Es gab nach diesem ersten Kontakt einige Momente, in denen ich an die Worte der Ordensschwester dachte. Sie hatte mir ein Lied geschickt, in dem es hieß: »Bleib auf dem Weg«. In dem Lied ging es darum, entschieden und bewusst seinen Weg zu gehen. Man sollte keine Angst vor morgen haben – nur Schritt für Schritt nach vorne gehen und im Schwierigen die Lust am Leben finden. Dieses Lied sollte über viele Jahre mein Begleiter sein. Immer wenn ich unterwegs war, kamen mir die Worte wieder in den Sinn, und ich wurde immer entschlossener, das zu tun, was ich für wichtig erachtete – auch wenn es ab und zu vorkam, dass manche Menschen es nicht gut fanden, wie ich mit diesem Tabu-Thema umging. Jeder hat einen eigenen Weg, den er gehen muss, und die Steine, die uns vor die Füße geworfen werden, sind da, um überwunden zu werden. Das Geschenk, zu wissen, wer man ist, kann einem nie genommen werden.

Eines Tages nahm ich wieder einmal die gesammelten Werke von Shakespeare in die Hand. Ich wollte mich ein wenig mit etwas anderem beschäftigen und die schönen Wörter der poetischen englischen Sprache waren eine willkommene Abwechslung. So viele wunderschöne Theaterstücke! Wie hatte es dieser Mann damals bloß geschafft, so viele Texte mit der Feder zu schreiben und nebenbei auch Besitzer des Londoner Globe Theatres zu sein? Heute wäre es schon schwierig, so viele Theaterstücke und Gedichte mithilfe eines Computers zu schreiben und dann auch noch einen Betrieb zu leiten. Zu Shakespeares Zeiten ging es nicht vorrangig darum, ein Theaterstück zu *sehen*, sondern vielmehr darum, es zu *hören*. Damals bestanden die Kulissen des Theaterstücks aus den Worten, die gesprochen wurden. Shakespeares Wortschatz umfasste ungefähr 34.000 Wörter, während der Wortschatz eines sehr gebildeten Engländers heute nicht mehr als die Hälfte umfasst. Woher hatte er all diese wunderschönen Wörter?

Ich schlug das Buch an einer beliebigen Stelle auf, begann zu lesen – und traute meinen Augen kaum. Ich war mittendrin im »Kaufmann von Venedig« und las die Szene, in der der Geldverleiher Shylock von Antonio für den Fall, dass dieser seine Schulden nicht zurückzahlen kann, ein Pfund Fleisch aus dessen Körper verlangt. Sozusagen als Strafe. Allmählich litt ich an Verfolgungswahn. Egal womit ich mich befasste, es hatte immer etwas mit Schulden zu tun. Kann es sein, dass wir Menschen es in rund vierhundert Jahren nicht geschafft haben, mit dem Thema Schulden angemessen umzugehen? Shakespeares Stück wurde 1600 erstmals publiziert. »Der Kaufmann von Venedig« handelt von einem Edelmann namens Bassanio, der sein ganzes Geld verloren hat. Bassanio möchte um die Hand der schönen Portia anhalten. Dafür braucht er aber 3.000 Dukaten, die seine Reisekosten für drei Monate decken, in denen er sich um Portia bemüht. Sein Freund Antonio hat im Moment selbst wenig Geld. Alle seine Schiffe sind unterwegs. Trotzdem borgt Antonio das Geld von dem Geldverleiher Shylock und will es zurückzahlen, bevor Bassanio zurück ist. Shylock verlangt für den Fall, dass Antonio nicht zahlen kann, keine Zinsen, sondern ein Pfund Fleisch aus Antonios Körper. Antonio unterschreibt einen Schuldschein. Während Bassanio fort ist, bekommt Antonio die Nachricht, dass seine Schiffe untergegangen sind. Er kann nicht zahlen. Shylock lässt Antonio verhaften, er kommt vor Gericht. Bassanio kehrt zurück und will Shylock 6.000 Dukaten geben, um die Schuld zu tilgen. Shylock lehnt ab. Portia verkleidet sich als Anwalt und verteidigt Antonio. Shylock besteht auf seinem Recht aus dem unterschriebenen Schuldschein. Doch Portia findet eine Lücke im Vertrag. Dieser erlaubt es Shylock zwar, ein Pfund Fleisch zu entnehmen, dabei darf jedoch nicht ein Tropfen Blut fließen. Wenn er Blut vergießt, würde der Geldverleiher nach dem geltenden Recht all seine Ländereien und sonstiges Vermögen verlieren. Shylock ist nun einverstanden, das Geld von Bassanio anzunehmen. Aber Portia erlaubt das nicht, da er es schon abgelehnt hatte.

Wie viele der Stücke aus dieser Zeit plädiert »Der Kaufmann von Venedig« dafür, dass man Gnade vor Recht ergehen lassen sollte. Wenn ich es mir recht überlege, dann könnte man vielleicht auch andere Stücke von Shakespeare ein wenig umtexten. Es heißt in Hamlet: »Sein oder nicht sein, das ist hier die Frage.« Bezogen auf den Kaufmann von Venedig könnte der Satz heißen: »Haben oder nicht haben, das ist hier die Frage.« Vielleicht gibt es noch viele andere literarische Werke, in denen es um Schulden und Insolvenz geht. Das sollte ich unbedingt recherchieren. Ich konnte es nicht fassen, dass »mein« Thema in Shakespeares Stück eine so große Rolle spielt und ich nicht früher darauf gekommen bin. Die Insolvenz gab es im 16. und 17. Jahrhundert genauso wie heute und schon damals war dieses Thema stigmatisiert und verursachte große Probleme. Es war wirklich an der Zeit, dass sich hier etwas ändert. Es ging im Wesentlichen darum, wie das Thema gesellschaftlich wahrgenommen wurde. Aber ob ich das schaffen könnte, was seit William Shakespeare nicht gelungen war? Das war eine ganz große Aufgabe.

Einige Zeit später musste ich etwas länger mit dem Zug reisen, um zu einem Vortrag zu kommen. Anfangs schaute ich einfach zum Fenster hinaus. Ich genieße es, einfach Löcher in die Luft zu starren und nichts denken zu müssen. Wir fuhren an vielen Feldern vorbei und ich musste plötzlich an meine Mutter denken. Ich bin in der Stadt groß geworden, und wir verbrachten unseren Urlaub jedes Jahr in Cornwall, wo es auch sehr viele landwirtschaftlich genutzte Flächen gibt. Als meine Mutter aber in Deutschland das erste Mal die runden, in Plastik eingepackten Strohballen sah, sagte sie: »Schau mal! Da sind Traktoreneier!« Sie hatte wohl beobachtet, wie die »Traktoreneier« hinten aus dem Traktor fallen. Immer wenn ich die Plastikballen sehe, kommen mir tolle Ideen. Sollten das wirklich »Traktoreneier« sein? Dann würden ja vermutlich im Frühling lauter kleine Traktoren schlüpfen. Mit dieser lustigen Erinnerung saß ich nun also im Zug und lächelte vor mich hin. Der Mann, der neben mir saß, erzählte, dass er für eine Agrarvereinigung arbeitete. Ich erzählte ihm von meinem geheimen Wissen. Er lachte sich halb kaputt und fragte, ob er als »Chef« dieser Vereinigung mich zitieren dürfte. So kommt man zu einem zweifelhaften Ruhm (und Ruf)!

Die kleine Begegnung hatte mich auf die Landwirte gebracht und ich begann nachzudenken. Was bedeutet das Scheitern für sie und wie gehen sie damit um? Ihre Insolvenz tritt vermutlich dann ein, wenn die Ernte infolge schlechten Wetters vernichtet wird oder wenn das Vieh stirbt, weil es auf dem Hof Krankheiten oder Seuchen gibt. Damit haben sich die Landwirte schon immer herumgeschlagen und oft genug war oder ist auch ihre Existenz bedroht. Wenn die Landwirte daraus geschlossen hätten, dass es für sie keine zweite Chance gab, und sie es nicht jedes Jahr aufs Neue probiert hätten, was wäre dann wohl geschehen? Wir wären doch alle verhungert! Vielleicht liegt der Schlüssel zum richtigen Umgang mit dem Scheitern daher wirklich in der Landwirtschaft. Ich wollte mich unbedingt damit beschäftigen. Später einmal bot sich mir die Möglichkeit, für die Landfrauen zu sprechen. Sie haben sehr schnell begriffen, um was es mir geht. Kein Wunder eigentlich. Die Landfrauen hatten doch schon immer gearbeitet und ihre Familie versorgt – und das zu Zeiten, als Frauen nirgendwo sonst in das Arbeitsleben integriert waren. Sie sind Spezialistinnen für die Nähe zur Natur und für Organisation – auch in schlechten Zeiten. Charles Darwin, der britische Naturforscher und Evolutionstheoretiker, sagte einmal: »Alles, was gegen die Natur ist, hat auf die Dauer keinen Bestand.« Und es ist gegen die Natur zu glauben, es gäbe keine Schlechtwetterzeiten. Manchmal scheint eben die Sonne und manchmal regnet es. Vielleicht sollten wir diese Naturbeobachtungen auf die Wirtschaft übertragen, und dann liefe alles viel besser – eben natürlicher. Was Charles Darwin zu meinen Gedanken sagen würde, weiß ich nicht. Aber eines steht fest: Ich habe mich weiterentwickelt!

Am nächsten Bahnhof stieg ein Geschäftsmann ein und setzte sich mir gegenüber. Er schaute mich an und lächelte freundlich. Irgendwann kamen wir ins Gespräch, und er erzählte mir, dass er seit über vierzehn Jahren Geschäftsführer eines internationalen Unternehmens mit Hauptsitz in Deutschland ist. Er war unterwegs zu einer Konferenz. Die Firma hat weltweit mehrere Tausend Mitarbeiter. Irgendwann fragte er mich, was ich denn beruflich so mache. Ich gab ihm meine Visitenkarte, auf der »Anne Koark, Pleitier« steht, und erzählte ihm, dass ich insolvent sei, Vorträge hielte und ein Buch zum Thema meiner Insolvenz geschrieben hätte. Ich war sehr gespannt, wie ein solch erfolgreicher Geschäftsmann auf diese Nachricht reagieren würde. Er wollte wissen, wo er das Buch kaufen könnte, und ich wunderte mich darüber – was wollte er damit, wo sein Betrieb doch so gut dastand? Er sagte, er beauftrage jedes Jahr Wirtschaftsprüfer, die ihm unter anderem Beispiele dafür präsentierten, was andere Firmen falsch gemacht haben. Daraus lerne er viel für seine berufliche Praxis. Deswegen wollte er gerne wissen, wie es zu meiner Insolvenz gekommen war. Aus den Fehlern der anderen lernen, das war seine Motivation. Er machte selbstverständlich auch ab und zu Fehler und lernte daraus. Aber so viele Fehler kann man selber gar nicht machen, dass man alles gelernt hätte.

Konfuzius sagte: »Ein Mensch hat dreierlei Wege, klug zu handeln. Erstens: Durch Nachdenken – das ist der edelste. Zweitens: Durch Nachahmen – das ist der leichteste. Drittens: Durch Erfahrung – das ist der bitterste.« Dieser Geschäftsmann schien genau das verinnerlicht zu haben. Er interessierte sich auch dafür, ob es bestimmte Zeichen für eine kommende Insolvenz gab. Falls seine Lieferanten in Schwierigkeiten kämen und er es bemerkte, würde er ihnen gerne rechtzeitig unter die Arme greifen. Er wollte nicht wegschauen, sondern lernen. Nur so konnte man aus seiner Sicht vernünftige Entscheidungen treffen. Eigentlich stimmt das. Wir sind umgeben von Problemen, die andere

Menschen haben, und manchmal schauen wir einfach weg. Manchmal verstecken die Menschen ihre Probleme, vielleicht weil sich dafür schämen. So lernt niemand etwas. Gerade Existenzgründer sollten viel über das Thema Insolvenz erfahren, das wurde mir bei unserer Unterhaltung klar. Jeder, der in die Wirtschaft geht, muss erst einmal Lehrgeld bezahlen. Damit dieses Lehrgeld nicht Leergeld wird, muss man doch auch die Möglichkeit haben zu lernen. Als ich zu Hause war, recherchierte ich und recherchierte. Es gab überhaupt keine Seminare für Existenzgründer, die vom Misserfolg handelten. Wie sollten sie denn so Fehler vermeiden? Wie schön wäre es, wenn unsere Gesellschaft genauso weise wie dieser Geschäftsmann wäre. Die Begegnung mit ihm hatte mich auf viele neue Ideen gebracht und ich beschloss, die Gründer näher ins Visier zu nehmen.

Auch über den von mir mitgegründeten Verein habe ich viele interessante und lehrreiche Kontakte bekommen. Immer wenn ein Artikel über unser Thema in der Presse erscheint, häufen sich die Anrufe und man kommt mit dem Beantworten kaum nach. Wenn ich zu Hause bin, versuche ich am Vereinstelefon zu sein. Die Anrufer kommen aus vielen ganz verschiedenen Branchen. Da gab es zum Beispiel die Besitzerin des kleinen Lottogeschäfts, die es sich zum Schluss nicht mehr leisten konnte, Lotto anzubieten, und die durch die Verlegung einer Bushaltestelle sehr hohe Einbußen hatte. Es gab eine ganze Welle von Speditionsunternehmen, die nach der Einführung der Mautgeräte und die gleichzeitige Erhöhung der Mineralölsteuer in eine Schuldensituation gekommen waren. Es gab Großunternehmen, die seit mehreren Generationen auf dem Markt waren. Es gab selbstständige Fotografen, die bei der Insolvenz ihre Fotoausrüstung verloren. Es gab Frauen, die für ihre Männer gebürgt hatten und dadurch in die Insolvenz gekommen waren. Es gab den Hotelbesitzer, der einen ganzen Landstrich 40 Jahre lang in Lohn und Brot gehalten hatte und mit 74 Jahren in die Insolvenz ging. Das Schlimmste war für ihn, dass er nicht mehr arbeiten durfte. Es gab Immobilienmakler, die es nicht geschafft hatten, die Immobilien schnell genug zu verkaufen, und dann in Schwierigkeiten geraten waren. Andere Menschen hatten ihr Geld in Immobilien investiert, die später abgewertet wurden oder nicht vermietet werden konnten. Es gibt unzählige Ursachen für eine Insolvenz!

Eines Tages rief eine siebzigjährige Frau an und erzählte ihre Geschichte. Sie hatte mit Mitte vierzig Krebs bekommen, hatte immer wieder dagegen gekämpft, immer wieder neu angefangen und immer wieder kam der Krebs zurück. Sie war selbstständige Kosmetikerin und hatte durch die Erkrankungen enorme Ausfallzeiten, in denen sie kein Geld verdienen konnte. In diesen Zeiten aber liefen alle Verträge weiter, die sie nicht rechtzeitig kündigen konnte, beispielsweise für ihr Kosmetikstudio. Hinzu kam, dass sie selber für Zusatzbehandlungen gegen den Krebs sehr große Summen aufbringen musste. Dann hatte sie auch noch einen Unfall und saß im Rollstuhl. Sie hat sich immer wieder aufgerappelt und zwischen den Krankheitsphasen sogar gearbeitet. Mittlerweile aber waren ihre Schulden, um deren Tilgung sie sich stets bemüht hatte, auf ein Vielfaches der ursprünglichen Summe angewachsen. Bei einem geschuldeten Betrag von mehreren Tausend Euro hatte sie schon 11.000 Euro zurückgezahlt, und es blieben nach so vielen Jahren 14.000 Euro über – ein Vielfaches des ursprünglichen Betrags und das Ergebnis hoher Zinsen und Zinseszinsen.

Die Frau weinte am Telefon, als sie mir erzählte, dass sie die Schulden ehrenhaft abzahlen wollte. Sie wollte auf keinen Fall Insolvenz anmelden. Aber das schien unmöglich zu sein. Kein Mensch wäre in der Lage, eine derart hohe Summe zu bezahlen, und schon gar kein Mensch, der seit 30 Jahren todkrank ist. Ich hatte herausgefunden, dass die Zahl der durch Krankheit verursachten Insolvenzen viel höher ist als die Zahl der Insolvenzen, die durch falsches Wirtschaften oder durch über ein Leben über die Verhältnisse entstanden. Wenn jemand rechtschaffen ist, verhält er sich auch im Krankheitsfall so und auch dann, wenn er wenig Geld hat. Rechtschaffenheit sollte meiner Meinung nach jedoch nicht so weit gehen, dass der Betroffene eine ausweglose Situation weiterführt. Wie schwer es ist, sich unter bestimmten Umständen richtig zu verhalten, kann man sich vielleicht annähernd denken, wenn man diese Geschichten hört. Ich bewunderte diese Frau. Sie wollte mit 70 Jahren immer noch arbeiten, um ihre Schulden zu tilgen. Auf der anderen Seite tat sie mir unendlich leid. Sie litt so sehr darunter, in der Grauzone des Scheiterns zu sein.

Wie schön wäre es, wenn unsere Gesellschaft das sehen könnte, was ich sehe! Warum unterscheiden wir nicht zwischen den fahrlässigen und kriminellen Insolvenzen und den Insolvenzen, bei denen die Menschen versucht haben, sich fair zu verhalten? Schließlich ist es manchmal wirklich so, dass man etwas nicht *kann* – und nicht so, dass man es nicht *will*. Diese Frau wollte, aber konnte nicht zahlen. Wer Insolvenz anmeldet, muss sich und anderen eingestehen, dass er nicht zahlen kann. Es ist keine Erklärung, dass man nicht zahlen möchte. Für diese Frau schien dieser Schritt unmöglich zu sein. Was sollten sie und all die anderen, die wirklich alles dafür getan hatten, nicht insolvent zu werden, noch erleiden? Wenn ich könnte, würde ich mit all diesen Menschen einen Film machen, um der Gesellschaft zu zeigen, wie es sein kann, dass jemand in Not gerät und letztendlich scheitert. Wie schade, dass ich nicht aus der Filmbranche komme! Wie schade, dass die meisten ehrlichen Menschen sich so sehr schämen, dass sie sich nicht öffentlich zeigen möchten. Wie schade, dass all die Berichte, die wir über Insolvenz lesen, sich nur mit den sensationellen Fällen der Kriminalität und des Leichtsinns beschäftigen. Die oft so tragischen menschlichen Schicksale, über die ich hier spreche, kommen darin nicht vor.

Nachdem ich wieder einmal in einer Fernsehsendung aufgetreten war, rief mich ein Architekt an und erzählte mir seine

Geschichte. Er hatte zwar durchaus Aufträge gehabt, aber einige seiner Rechnungen waren nicht bezahlt worden. Er musste deswegen Schulden machen und diese Schulden wuchsen aufgrund der hohen Zinsen immer weiter an. Er war inzwischen völlig verzweifelt und wusste überhaupt nicht mehr, was er machen sollte. Wir sprachen sehr lange und irgendwann erzählte er mir von seiner Frau und von seinem Kind. Seine Frau wusste nichts von der drohenden Insolvenz. Er wollte es ihr aber auch nicht sagen. Er befürchtete, dass die Architektenkammer ihm für die Zeit der Insolvenz den Titel »Architekt« nehmen würde. Er könnte dann nur noch als Bauingenieur arbeiten, hatte aber Angst, dass er in seinem Alter sowieso keine Chance mehr auf einen Job hatte. Er sprach von seiner Frau nur in den höchsten Tönen. Ich fragte ihn, warum er nicht auch in dieser Situation Vertrauen zu ihr hätte. Wäre es nicht furchtbar schlimm für seine Frau, wenn sie von seiner Insolvenz durch andere fremde Menschen erführe? Wäre das nicht ein echter Vertrauensbruch? Wir sprachen über all seine Hoffnungen – darüber, was er nach der Insolvenz tun könnte, damit die Gläubiger ihr Geld bekämen. Nach zweistündigem Telefonat verabschiedeten wir uns, und er versprach, mir Bescheid zu geben, wenn er mit seiner Frau gesprochen hatte.

Nach dem Gespräch fing ich wieder an, über die deutsche Sprache nachzudenken. Es gibt so viele Wörter im Deutschen, die mit dem gleichen Verb enden, die aber durch die jeweilige Vorsilbe komplett andere Bedeutungen haben können. So ist es auch bei dem Wort »bauen«, mit dem dieser Architekt täglich umging. Es gibt erbauen, aufbauen, einbauen, anbauen, vorbauen, bebauen, ausbauen, aneinanderbauen, unterbauen, nachbauen, abbauen, zubauen, zusammenbauen. Es gibt aber auch das Wort »wiederaufbauen«, und das ist ein Wort, das für die Zeit nach dem Scheitern sehr interessant sein könnte. Mich fasziniert es einfach, dass in fast jedem Beruf die Worte oder die Philosophien versteckt sind, die uns helfen, die verschiedenen

Phasen eines Scheiterns zu verstehen. Ein paar Tage später klingelte das Telefon und die Frau des Architekten meldete sich. Sie hatte über Monate gemerkt, dass es ihrem Mann nicht gut ging, und immer wieder gefragt, was denn los sei. Er hatte immer nur gesagt, er sei müde. Sie erzählte mir, wie erleichtert sie war, als sie erfuhr, dass es sich »nur« um eine Insolvenz handelt. Sie hatte etwas viel Schlimmeres befürchtet. Sie hatte ihm gesagt, dass sie mitarbeiten wollte und dass sie die sechs Jahre wunderbar gemeinsam durchstehen könnten. Sie hatte ihn gefragt: »Glaubst du denn, dass ich dich geheiratet habe, weil du Architekt bist?« Diese Frau war wunderbar! Mit einer solchen Frau, dachte ich, hat dieser Architekt immer mit viel Liebe gebaut. Und auch wenn ich seine Gebäude noch nie gesehen hatte, wusste ich, dass er auf jeden Fall eine Beziehung aufgebaut hatte, die für die Ewigkeit bestimmt war. Mit diesem Grundstein konnte ihm doch auch der Neustart gelingen.

Ein anderes interessantes Gespräch hatte ich mit dem ehemaligen Besitzer eines Reisebüros. Eine Reise ist doch etwas Schönes: Wir machen neue Erfahrungen und unser Wissen wächst. Außerdem kann man sich auf einer Reise auch gut entspannen. Eine schlecht organisierte oder missratene Reise kann aber auch sehr viele belastende Seiten haben. Die Geschichte dieses Reisebüros kann das wirklich bestätigen. Eines Tages bekam der damalige Besitzer einen Anruf von einem großen Reiseveranstalter. Er wollte wissen, warum eine Lastschrift von der Bank zurückgebucht worden sei. Der Besitzer dachte, das müsse ein Irrtum gewesen sein, und rief seine Bank an. Man teilte ihm mit, dass es bei den Rückbuchungen bleiben würde. Das konnte der Mann überhaupt nicht verstehen, denn er hatte seine Kreditlinie gar nicht ausgeschöpft und war seiner Meinung nach solvent. Er schaltete einen Anwalt ein, der nichts erreichen konnte. Die Bank drohte mit einer Kündigung der Geschäftsbeziehung. Weitere Veranstalter meldeten Rückbuchungen. Daraufhin sperrte die Bank das Konto. Das Reisebüro war eine GmbH und für diese Gesellschaftsform gibt es Fristen, innerhalb derer man aufgrund einer Überschuldung des Stammkapitals Insolvenz anmelden muss. Der Anwalt riet seinem Mandanten, Insolvenz anzumelden, da sonst eine Insolvenzverschleppung entstehen könnte. Der Besitzer des Reisebüros ging zum Gericht und meldete Insolvenz an.

Am Tag der Insolvenzanmeldung kam ein Besucher vorbei und wollte das Reisebüro aus der Insolvenz kaufen – seltsamerweise zu einem Zeitpunkt, als die Insolvenz noch gar nicht veröffentlicht war. Es folgten sehr lange, schwere Zeiten. Der Insolvenzverwalter kam drei Tage nach dem Antrag in das Reisebüro, nahm keine einzige Akte in die Hand und ging nach zwanzig Minuten wieder. Als der Besitzer in Erfahrung zu bringen versuchte, welche Pflichten er habe, antwortete ihm der Verwalter, er betreue 160 Verfahren und habe keine Zeit, ihn darüber aufzuklären. Es stellte sich später sogar heraus, dass der eigene Anwalt gleichzeitig einen Gläubiger vertreten hatte. Der Betrieb wurde vom Insolvenzverwalter für einen Euro verkauft. Der Besitzer des Reisebüros arbeitete nun als Angestellter in seinem eigenen Betrieb. Der Betrieb florierte. Allerdings war seine Lebensversicherung in die Insolvenzmasse geflossen und er war nach einem Schlaganfall schwerbehindert. Trotz der Behinderung arbeitete er zu hundert Prozent, in dem Bestreben, seine Schulden zurückzuzahlen und wieder auf die Beine zu kommen. Er berichtete von der Machtlosigkeit und von dem Wunsch, mit dem gleichen Respekt behandelt zu werden wie in der Zeit, bevor er die Insolvenz angemeldet hatte. Schließlich wolle er für seine Angelegenheiten geradestehen. Laotse sagte: »Reisen ist besonders schön, wenn man nicht weiß, wohin es geht. Aber am allerschönsten ist es, wenn man nicht mehr weiß, woher man kommt.« Es bleibt zu hoffen, dass dieser ehemalige Besitzer seine Reise durch die Insolvenz so betrachten kann und irgendwann vergisst, was alles passiert ist. Ein bisschen Kraft in dieser Zeit würde ihm sicherlich helfen. Leider bleibt für Insolvente auch nicht viel Geld übrig, um eine Reise zu machen – selbst dann nicht, wenn sie ein Reisebüro haben.

Es meldeten sich auch Menschen aus allen freien Berufsgruppen. Es waren Ärzte, die kurz vor einer Insolvenz standen, Steuerberater mit kleinen Selbstständigen als Mandanten, die alle selber langsam Probleme mit der wirtschaftlichen Situation bekamen und ums Überleben kämpften, und Anwälte mit Mandanten, die alle enorme Angst vor dem Gesichtsverlust hatten, den ein Scheitern oft mit sich bringt. Sie hatten aber noch viel mehr Angst davor, nicht in ihrem erlernten Beruf arbeiten zu dürfen, weil manche der Berufskammern ihnen für die Zeit der Insolvenz die Mitgliedschaft sperrten. Komisch, gerade wenn es so nötig ist, für die Gläubiger zu arbeiten, werden die Hürden so weit aufgestockt, dass dies kaum möglich ist. Ich musste unbedingt herausfinden, ob das wirklich so ist und wenn ja, warum.

Gut in Erinnerung ist mir auch noch das Gespräch, das ich mit einem freischaffenden Prediger hatte. Ich weiß nicht mehr, welche Berufsbezeichnung er genau verwendete – auf jeden Fall war er ein kirchlich engagierter Mensch, der sein Geld mit Grabreden verdiente. Außerdem betrieb er in einem Freizeitpark ein kleines Geschäft. Das Wetter war in dem vorangegangenen Sommer und auch im Frühjahr sehr schlecht. Es hatte wochenlang ohne Pause geregnet; im Freizeitpark gab es fast keine Besucher und somit auch keine geregelten Einnahmen. Die Kosten für die Platzmiete blieben jedoch konstant. Gleichzeitig ging in der Gegend die Zahl der Todesfälle zurück und damit sank auch der Bedarf an Grabreden. Der Mann befand sich in richtigen Geldnöten. Was für eine absurde Situation: Da »zu wenige« Menschen starben, konnten andere Menschen nicht leben! Der freischaffende Prediger erzählte mir, dass er auf keinen Fall Insolvenz anmelden könne. Er sei schließlich eine Vertrauensperson in dieser Gemeinde. In diesem Augenblick dachte ich für einen kurzen Moment nicht an sein Problem, sondern wurde von meinem Wissensdurst übermannt. In den Jahren der Insolvenz habe ich mit so vielen Menschen gesprochen und immer habe ich etwas gelernt. Noch nie hatte ich mich in meinem Leben mit jemandem unterhalten, der mit anderen Menschen über den Tod redet, und meine Neugier brannte mit mir durch. Ich fragte den Mann: »Wollen Sie mir sagen, was Sie den Hinterbliebenen bei einer Grabrede erzählen?« Mir wurde bewusst, dass der Tod auch eines der vielen Tabus in unserer Gesellschaft ist. Es redet keiner darüber. Man merkte, dass dieser Mann wirklich berufen war, diesen Beruf auszuüben. Er erzählte und erzählte, und je mehr er erzählte, desto ähnlicher kamen mir Tod und Insolvenz vor. Wenn die Insolvenz kommt, muss man sich von dem alten Leben verabschieden, und es kommt etwas Neues, was man noch nicht kennt. Man muss loslassen. Zwischendrin fragte ich ihn: »Was würden Sie dem Hinterbliebenen einer insolventen Firma sagen?« Es trat Totenstille am anderen Ende der Leitung ein. Es kam mir unendlich lang vor. Ich fragte mich, ob ich etwas Falsches gesagt hatte. In der Stille kann man sich aber auch entfalten und neue Ideen entwickeln. Ich hoffte, dass mein Gesprächspartner nur nachdachte – dass er sozusagen die Flügel seines Geistes öffnete. Nach einer kleinen Ewigkeit (ach – du deutsche Sprache –, wie kann eine Ewigkeit klein sein?) antwortete er mir: »Frau Koark, das ist es, nicht wahr? Eine Insolvenz ist gewissermaßen ein Tod. Sie sind wirklich gut.« Wenn er gewusst hätte, dass ich überhaupt nicht daran gedacht hatte, als ich fragte! Wenn er wüsste, dass ich nur aus Unwissenheit und Neugier gefragt hatte, dann würde er mich nicht für so gescheit halten. Moment – gescheit – das klingt so ähnlich wie Scheitern. Wird man wohl etwas gescheiter, wenn man gescheitert ist? Das könnte tatsächlich so sein. Ich habe so viele Menschen kennenlernen dürfen und so viele Menschen haben mir so viel erzählt – ich habe also, seitdem ich gescheitert bin, viel mehr gelernt als in all den Jahren zuvor.

Wir sprachen noch über andere Themen, die sowohl die Religion als auch die Insolvenz betrafen. Mir war aufgefallen, dass es in vielen Religionen eine Art Wüstengang gab. Es könnte doch sein, dass dieser Gang für die persönliche Entwicklung wichtig ist. Jesus war 40 Tage und 40 Nächte in der Wüste – das sind fast sechs Wochen. Die Zahl sechs schien mich zu verfolgen. Buddha verließ seinen Palast und führte ein Leben als Asket. Er meditierte und lernte Yoga. Sechs Jahre verbrachte er im Tal des Ganges als Asket, bevor er das besitzlose Leben eines Bettelmönchs führte und dann lernte, was wichtig ist und wo sein eigener Weg durchs Leben lag. Wahnsinn – da ist die Zahl Sechs schon wieder – das erinnert doch sehr an die sechs Jahre der Insolvenz! Mohammed wiederum lebte stets in Armut. Sein Haus blieb oftmals dunkel, weil es an Öl für die Lampe fehlte. Manchmal konnte er kein Brot backen, weil er für das Mehl nicht genug Geld hatte. Mohammed verbrachte ganze Monate in Gebet und Meditation in einer Höhle in der Wüste. Bestimmt würde das Thema der Wüste in anderen Religionen auch auftauchen, wenn ich es recherchierte. Jesus, Buddha, Mohammed und vermutlich viele andere wichtige Personen in der Geschichte der Religionen verfügten über fast gar nichts Materielles. Sie befanden sich sozusagen in einer Situation, die man mit einer Insolvenz gleichsetzen könnte. Und alle wurden geprüft. Könnte es sein, dass eine Insolvenz eine Art wirtschaftlicher Wüstengang ist, bei dem man den Kontakt zu sich selber wiederfinden kann?

Dieser Mann war sehr klug und kannte sich natürlich viel besser in den Religionen aus als ich. Während unseres Gesprächs fiel mir auf einmal Jona ein. Wie konnte das sein? Ich hatte seit meiner Kindheit nichts mehr mit der Bibel zu tun gehabt. Dennoch erinnerte ich mich an diese Geschichte, die ich als Kind so liebte, weil die Bilder immer so schön waren. Jona sollte nach Ninive gehen, um den Menschen dort von Gott auszurichten, wenn sie nicht aufhörten, böse und grausam zu sein, würden sie bestraft werden. Weil Jona vor den Menschen in Ninive Angst hatte, flüchtete er auf einem Schiff, das nach Spanien fahren sollte. Es kam ein gewaltiger Sturm auf. Die Mannschaft zog

Namen aus einem Hut, um herauszubekommen, wer an diesem Sturm schuld war. Auf dem Zettel, der gezogen wurde, stand Jonas Name. Die Seeleute warfen Jona ins Wasser, er wurde von einem Wasserstrudel erfasst. Dann merkte er, dass er von einem riesigen Wal geschluckt worden war. In dessen Körper war es dunkel und feucht, und Jona hatte Angst. Er sah keinen Ausweg für sich. Jona bat Gott um Verzeihung und versprach, wenn er aus dem Wal herauskomme, würde er die Aufgabe annehmen und nach Ninive fahren. Der Wal spuckte ihn aus. Jona fuhr nach Ninive, und die Menschen dort beschlossen, sich zu bessern. Ihnen wurde genauso wie Jona verziehen, weil sie sich ändern wollten. Die Geschichte von Jona findet man nicht nur in der Bibel, sondern auch in den hebräischen und islamischen Schriften. Ich denke, wenn ein Thema überall auftaucht, dann sollten wir uns näher damit beschäftigen. Könnte eine Insolvenz so zu verstehen sein, dass man seine eigentliche Aufgabe nicht übernommen hat und so lange bestraft wird, bis man gelernt hat, was man eigentlich tun sollte? Könnte eine Insolvenz die Möglichkeit sein, wieder den Kontakt zu sich und seinem Weg zu finden? So allmählich wurde mir alles unheimlich. Konnte es sein, dass ich nun tatsächlich verrückt geworden bin?

In allen Religionen spielt das Scheitern eine große Rolle und überall stößt man auf das Thema Insolvenz. Außerdem kenne ich eine Stelle in der Bibel, bei der es eine Warnung vor Bürgschaften gibt, und ich habe lange darüber nachgedacht, warum Judas Jesus für 30 Silberlinge verraten hat. War Judas vielleicht kurz vor einer Insolvenz? Nun wird wohl endgültig klar, dass ich nicht alle Tassen im Schrank habe – oder wie meine Mutter sagen würde: »Für ein Picknick fehlt bei dir ein Sandwich.« Andererseits wäre das Verrücktsein doch gar nicht so schlimm, denn vielleicht brauchen wir ein paar verrückte Menschen, um das, was die Normalen mit uns gemacht haben, auszugleichen.

Der Prediger meldet sich dann irgendwann später wieder bei mir und erzählte, er habe Insolvenz angemeldet und lasse sich nun zu einem Seelsorger mit Spezialisierung auf Geldprobleme ausbilden. Das freute mich sehr, denn er verfügte über all das Wissen, das ich noch suchte. Sicherlich würde er ein wirklicher Trost für viele Menschen sein. Viele hatten ja sogar Angst, sich an ihre Kirche zu wenden, wenn sie insolvent waren, da brauchte es Leute wie ihn. Das brachte mich wieder auf neue Ideen: Es war an der Zeit, den Kontakt zur Kirche aufzunehmen. Vielleicht könnten sich die Sonntagspredigten irgendwann auch des Themas Schulden annehmen, dann könnten die Menschen, die gläubig waren, sich voller Vertrauen an ihre Kirche wenden. Vielleicht ist das der Grund, warum Gläubiger »Gläubiger« heißt, denn ein Gläubiger kann sowohl jemand sein, dem man Geld schuldet, als auch ein Mensch, der religiös ist. Ich sage es doch immer wieder – diese deutsche Sprache ist wundervoll! Es steckt alles an Schätzen in der Sprache, was wir für das tägliche Leben brauchen. Man muss nur genau hinschauen und hinhören.

Dann schrieb mir einer meiner Insolventen und bat mich, eine bestimmte Pressemeldung anzuschauen. Ein Lokalpolitiker war von der eigenen Partei gebeten worden, von seinem Amt zurückzutreten. Der Grund: Mehr als zehn Jahre zuvor hatte er einen Strafeintrag wegen Insolvenzverschleppung bekommen. Er hatte versucht, seine Firma unter Einsatz des privaten Vermögens zu retten, und es war ihm nicht gelungen. Sein Eintrag war schon längst gelöscht, aber irgendwie hatte irgendjemand Informationen darüber gefunden – mit dem Ergebnis, dass man ihn nun öffentlich aufforderte zurückzutreten. Auch Politiker können also insolvent sein. Aber dieser Mann war wieder aufgestanden. Er hatte seine Strafe verbüßt. Haben wir denn so wenig Vertrauen in unser System, dass uns eine verbüßte Strafe nicht ausreicht? Ist es nicht Sinn und Zweck des Systems, dass eine Strafe auferlegt wird, damit der Mensch lernt? Warum ist eine vergangene Insolvenz ein Hindernis für ein weiteres Arbeiten und Leben? Vielleicht würde ein Politiker mit persönlichen Erfahrungen im Scheitern unserem System guttun, da er aus eigener Erfahrung beurteilen könnte, was zu tun ist, um diese Probleme aus der Welt zu schaffen. Der Politiker trat von seinem Amt zurück. Kaum zwei Jahre später verkündete die Partei dieses Politikers, dass eine Insolvenz nicht das Ende oder den bürgerlichen Tod bedeutet, sondern eine neue Chance bietet. Dazu gibt es noch eine kleine Anekdote: Über den Politiker, der diese Aussage machte, stand später in der Zeitung, er habe Angst vor der eigenen Courage und hätte vielleicht mit seinem Vorstoß in Sachen Insolvenz politische Insolvenz angemeldet. Hier wird das Wort Insolvenz für das Ende der politischen Karriere benutzt. Sind wir uns doch immer noch nicht einig darüber, ob die Insolvenz nun ein Ende oder ein Neuanfang ist?

Ich erinnere mich auch an einen Bäcker, den ich im Zug kennenlernte. Er war Mitglied bei einer Innung und zeigte mir deren Satzung, in der stand, dass er das nur so lange sein dürfe, so lange er »nicht durch gerichtliche Anordnung in der Verfügung über sein Vermögen beschränkt ist«. Es heißt doch, dass man kleinere Brötchen backen muss, wenn es eng wird. Das darf aber doch nicht bedeuten, dass man gar keine Brötchen mehr backen darf, wenn es zu eng wird – oder? Wie soll denn ein Bäcker arbeiten, wenn er seine Schulden tilgen will? Es wurde immer absurder.

Interessant ist auch, wie andere Kulturen mit dem Thema umgehen. Ich traf im Zug zwei junge Chinesen und fragte sie, wie sie denn Insolvenz und Scheitern sehen würden. Ihre Antwort war sehr aufschlussreich. Aus ihrer Sicht hatten wir im Westen so viel Angst vor dem Verlieren, dass wir wie erstarrt wirkten. Der Umgang mit Risiken und Unternehmertum sei in China ganz anders. Ich habe viel über chinesische Philosophie gelesen und manchmal befindet man sich da in einem Widerspruch. Laotse sagte: »Auf der Welt gibt es nichts, was weicher und dünner ist als Wasser. Doch um Hartes und Starres zu bezwingen, kommt nichts diesem gleich. – Dass das Schwache das

Starke besiegt, das Harte dem Weichen unterliegt, jeder weiß es, doch keiner handelt danach.« Kann es sein, dass unsere Schwächen in der asiatischen Welt anders gesehen werden? Manchmal muss man sich verändern, um das Glück zu finden. Haben wir im Westen sehr viel Angst vor der Veränderung? Erzwingt das Scheitern nicht manchmal eine Veränderung? Der Dalai Lama sagt: »Habe stets Respekt vor dir selbst, Respekt vor anderen und übernimm Verantwortung für deine Taten. Und bedenke: Nicht zu bekommen, was man will, ist manchmal ein großer Glücksfall.« Wenn man diese Einsicht bekommen würde, dann könnte uns das Scheitern vielleicht etwas lehren: uns zu respektieren, egal, was passiert. Und wenn man etwas nicht bekommt, gewinnt man doch vielleicht etwas anderes! Kann man beim Scheitern etwas gewinnen? Ist vielleicht unser Blick auf das Scheitern ein ganz anderer als in Asien? Es wird behauptet, dass man im Chinesischen das gleiche Wort für Krise und Chance benutzt. Die zwei Chinesen erzählten mir aber, dass dies nicht hundertprozentig stimmt. Das Wort für Krise werde Wie-ji ausgesprochen, was Gefahr und Gelegenheit heißen kann. Chance würde man aber Ji-hui aussprechen. Die beiden haben aber die Silbe »ji« gemeinsam und so ist Krise irgendwie doch mit Chance verwandt. Sicherlich lässt sich auch in China eine Krise nicht schönreden, aber wenn es stimmte, dass es eine Verwandtschaft zwischen Krise und Chance gibt, dann würde meine Wahrnehmung des Scheiterns zumindest in Asien zutreffen. Eine zweite Chance zu verdienen, das ist die eine Sache. Sie aber in Angriff zu nehmen, ist eine andere.

Die zwei jungen Chinesen konnten nicht verstehen, warum wir aus ihrer Sicht so eine große Sache aus dem Scheitern machten. Schließlich würde doch jeden Tag irgendjemand mit irgendetwas scheitern. Man kann mit einem geschäftlichen Vorhaben scheitern, mit einer Beziehung, mit Verhandlungen, mit der Arbeitssuche, mit Krankheiten. Es sei falsch, sich nur auf dieses Scheitern zu konzentrieren. Wichtig sei doch eher, was man daraus mache. In China gebe es ein Sprichwort, das besagt: »Konservative Denkweise behindert jeglichen Fortschritt.« Und es sei zu konservativ zu meinen, dass man im Leben nie scheitern wird oder darf. In China würden jeden Tag Firmen zumachen und andere wieder aufmachen. Ich würde sehr gerne irgendwann nach China fahren, denn da kann man wohl wahnsinnig viel lernen!

Auf einer anderen Reise traf ich auf einen Mann, der im Zug mit einem Laptop Töne erzeugte. Es stellte sich heraus, dass er in einer Musikproduktionsfirma arbeitete. Seine Arbeit interessierte mich sehr, denn seit Langem wollte ich jemanden finden, der gut singen kann, und ein Insolvenzlied herausbringen. Soweit ich weiß, hat die Wirtschaft sehr selten ihre Probleme mit musikalischen Mitteln dargestellt. Musik hat sich auch selten mit wirtschaftlichen Problemen beschäftigt. Hurra – endlich hatte ich einen Bereich gefunden, der vom Thema Insolvenz unberührt war! Musik drückt vieles aus, was man mit Worten nicht beschreiben kann. Musik erreicht Menschen auf einer anderen Ebene. Man muss unkonventionelle Wege finden, um ein Thema zu transportieren, zum Beispiel, indem jemand darüber singt. Ich fragte den Musiker, ob er sich vorstellen könnte, ein Insolvenzlied herauszubringen. Er war begeistert von der Idee und wollte seinen Chef in der Firma nach seiner Rückkehr fragen, was er davon hielt. Wie schön wäre es gewesen, wenn der Chef dies unterstützt hätte! Wir würden dann nicht nur über die Steigerung des Bruttosozialprodukts singen, sondern könnten gemeinsam einen Refrain über die zweite Chance anstimmen. Dieses Projekt harrt also noch seiner Umsetzung!

Konrad Adenauer, der erste Bundeskanzler der Bundesrepublik Deutschland, sagte einmal: »Es gibt Dinge, über die spreche ich nicht einmal mit mir selbst.« Er kannte sich scheinbar sehr gut mit Tabus aus. Als ich mit dem Thema Insolvenz in die Öffentlichkeit ging, hieß es oft, dass man darüber nicht sprechen darf. Ich halte aber viele Selbstgespräche, und »wir« hatten das genau besprochen und für gut befunden. Manchmal kommt es mir so vor, als ob die nackte Wahrheit einfach tabu ist. Mit jedem offenen Gespräch über die Insolvenz fand ich immer mehr Menschen, die entweder das Scheitern oder die Insolvenz kannten, und sie kamen aus allen Teilen der Gesellschaft. Es war, als ob man im Wald auf einmal die einzelnen Bäume besser sieht. Unsere Gesellschaft ist ein Kaleidoskop von Menschen, die sich sicherlich freuen, wenn sie Menschen sein und auch über schwierige Wahrheiten sprechen dürfen. Ich bin durch die Begegnungen gewachsen und habe so viel von den Menschen gelernt. Meine Insolvenz war wie eine Ausbildung. Heute weiß ich: Wenn man den anderen anschauen darf, sieht man sich selber besser.

Der wahre Schatz:
Kinder, Freunde, Humor ...

Eines habe ich in der Zeit der Insolvenz lernen müssen: Ein wahrer Schatz besteht nicht aus Geld, Gold oder Silber. Der wahre Schatz besteht aus Juwelen, die erst in den schwierigsten Situationen für uns sichtbar werden. Oft sind es Dinge, die uns schon immer umgeben haben – wir waren nur einfach blind für sie. Es heißt doch, wer die Augen schließt, könne besser sehen. Immer wenn ich meine Augen schließe, sehe ich die letzten sechs Jahre wie einen Film an mir vorbeiziehen. Ich sehe die wertvollen Dinge, die alle dazu beigetragen haben, dass ich überhaupt nach vorne gehen konnte. Und das Genialste an diesem Schatz ist, dass man ihn nicht pfänden kann. Wenn ich über meinen Schatz nachdenke, muss ich sofort an meine Kinder denken – und an das, was Kindsein ausmacht.

Wir können viel von Kindern lernen. Wenn wir glauben, dass wir den Blick für das Schöne in der Welt verloren haben, sollten wir versuchen, mit den Augen eines Kindes zu schauen. Wenn ich daran denke, wie meine Kinder das Laufen gelernt haben, dann weiß ich wieder, mit welcher Unbefangenheit und Unvoreingenommenheit Kinder sich den Dingen annähern. Meine Kinder hangelten sich an einem Tisch entlang und eines Tages ließen sie den Tisch los und gingen einen Schritt allein, ganz ohne Halt. Und wieder einen Schritt und einen weiteren Schritt. Dann wackelten die kleinen Beine und das Kind hat sich erst mal hingesetzt. Kein Kind dieser Welt schlägt die Hände über dem Kopf zusammen und überlegt, was die Nachbarn dazu sagen werden. Kein Kind dieser Welt denkt, dass es das Laufen nie lernen wird. Kinder stehen immer wieder auf und probieren die Schritte aufs Neue – und zwar so lange, bis sie laufen können.

Waren wir nicht alle irgendwann einmal Kinder? Damals hatten wir alle doch eine wunderbare Weltanschauung: Wir wollten mutig und hingebungsvoll etwas erreichen und gingen unseren Weg immer weiter. Wir waren zuversichtlich, dass wir es schaffen, weil Scheitern für uns ursprünglich kein negativer

Begriff war. Kinder wissen instinktiv, dass Scheitern nur ein vorübergehender Zustand auf dem Wege zum Ziel ist. Wie schade, dass wir das später im Erwachsenenalter vergessen! Kinder sollten erkennen dürfen, dass die Eltern auch nur Menschen sind, die wie alle anderen Menschen Fehler haben, und dass sie in der Lage sind, aus ihren Fehlern zu lernen. Kinder sollten begreifen, dass ihre Eltern nicht perfekt sind. Ist es nicht ein enormer Druck, den wir auf Menschen ausüben, wenn wir den Anspruch haben, vollkommen zu sein? Fühlen sie sich dann nicht sehr alleine, wenn sie spüren, dass sie selber Probleme haben? Könnte das der Grund sein, warum so viele Menschen verzweifeln, wenn es schwierig wird?

Also, ich möchte nicht, dass meine Kinder mich als perfekt ansehen. Und ich bin es ja tatsächlich nicht. Keine Erkenntnis ist für ein Kind bitterer als eben die, dass die Eltern es angelogen haben. Wenn ich also von meinen Kindern die Wahrheit erwarte, muss ich doch die Wahrheit leben. Kinder müssen gerade dann spüren, dass man sie liebt, wenn sie nicht alles richtig gemacht haben. Wenn ich meinen Kindern beibringen will, dass ich sie liebe, auch wenn sie sich manchmal nicht richtig verhalten haben, dann muss ich doch selber auch erwarten, dass meine Kinder mich lieben – egal, was passiert ist. Als ich insolvent wurde, haben meine Kinder mich gefragt, was denn »pleite« heißt. Ich habe Ihnen erklärt, dass ich einen Fehler gemacht habe und dass wir kein Geld haben, dass ich aber arbeiten werde und wir bald wieder Geld haben würden. Später wollten sie genau wissen, was ich denn so mache. Ich sagte, dass ich anderen Menschen von meinem Scheitern erzähle und auch davon, wie man aus meiner Sicht mit dem Scheitern umgehen könnte. Sie hörten, wie ich mit anderen Menschen über das Thema sprach. Irgendwann ging es in der Schule um die Berufe der Eltern. Mein Jüngster hörte gespannt zu, als die anderen Kinder von ihren Müttern und Vätern sprachen. Als er an der Reihe war, sagte er ganz stolz: »Meine Mama ist beruflich pleite.« Die Kinder fragten ihn, was »pleite« heißt, und er erzählte das, was wir miteinander besprochen hatten. Kein Kind in der Klasse reagierte abweisend auf das Thema. Die Kinder waren total interessiert und es kam eine Frage nach der anderen. Es war für keines der Kinder ein Problem, einfach zu fragen.

Scheinbar gehen Kinder mit unseren Tabu-Themen viel lockerer um als wir Erwachsene. Für sie ist kein Thema so heilig, dass sie nichts darüber wissen wollten. Haben wir es verlernt, einfach wissen zu wollen, wie es dem anderen in einer bestimmten Situation geht? Sind wir weniger wissbegierig und damit auch weniger weise als die eigenen Kinder? Keines meiner Kinder hat mich je gefragt, was ich für einen Kontostand habe. Keines meiner Kinder wollte je wissen, welche Position ich in der Firma habe. Ein Kind liebt einfach so – weil man die Person ist, die man ist. Sollten wir also von den Kindern lernen und uns auch dann noch mögen, wenn es mal schiefgegangen ist? Wir alle haben irgendwann einmal schmerzhaft erfahren müssen, dass die Herdplatte wirklich heiß ist. Die Ermahnungen unserer Eltern haben uns nicht davon abgehalten, es selbst auszuprobieren. Und was taten unsere Eltern, als wir uns die Finger verbrannten? Ich jedenfalls habe meinen Kindern nicht etwa die Finger abgehackt, damit es nie wieder geschehen konnte – ich habe die kleinen, schmerzenden Hände versorgt und mit den Kindern darüber gesprochen, was sie daraus gelernt haben. Kinder sind einer der größten Schätze, die es überhaupt gibt. Selbst wer keine Kinder hat, sollte sich hin und wieder an seine eigene Kindheit erinnern. Damals hatten wir keine Angst vor dem Scheitern. Ein Kind steht wieder auf und geht weiter. Ja, damals war die Welt viel einfacher.

Erich Kästner sagt: »Der Humor ist der Regenschirm der Weisen.« Ob man den englischen Humor als weise betrachten kann, weiß ich nicht, aber ein Regenschirm in schwierigen Zeiten war er immer für mich. Immer wieder fielen mir komische Sachen ein und oft sind sie mir einfach so rausgerutscht, bevor ich Zeit hatte, darüber nachzudenken. Einmal wurde ich in einer Podiumsdiskussion mit einem hochrangigen Politiker von dem Moderator gefragt, was ich von der Bürokratie in Deutschland halte. Ich erwiderte in etwa: Seitdem ich hier lebe, gehe ich sehr gerne auf die Toilette, weil dies der einzige Ort in Deutschland ist, wo man ein Geschäft verrichten kann, ohne einen Stempel haben zu müssen. Direkt danach wusste ich nicht mehr so genau, ob dieser Spruch der Situation angemessen war, und ich war dann richtig erleichtert, als das Publikum lachte. Der Politiker schaute mich ein bisschen erstaunt an und irgendwie kam das erhoffte Gespräch danach dann nicht zustande. Das tat mir dann doch leid.

Es gab auch Zeiten, in denen mein Humor immer um das gleiche Thema kreiste. Seitdem ich in Deutschland bin, überlege ich, warum die Klobrille wohl Klobrille heißt. Ich wundere mich sehr über dieses Wort, denn Deutsch ist doch sonst so genau. Warum heißt es denn nicht Klomonokel? Keiner konnte mir das bislang erklären. Und wohin schauen denn die Deutschen durch diese Klobrille? In England heißt die Klobrille Toilettensitz und wir setzen uns darauf und schauen nach vorne. Das ist eine viel angenehmere Blickrichtung. Und im Übrigen, auch ein guter Vorsatz für Krisenzeiten. Bei einer großen und sehr wichtigen Veranstaltung ging mir diese Frage wieder einmal durch den Kopf und ich konnte mich einfach nicht zurückhalten. Als der Vortrag zu Ende war, fragte ich einfach das Publikum, warum das Wort so heißt. Ich erntete schallendes Gelächter – aber keiner konnte auflösen, woher der Begriff kommt. Gerade wenn einem eher nach Weinen zumute ist, kann ein Lachen sehr befreiend sein. Man bekommt wieder Lust weiterzumachen und genießt das Leben. In Krisenzeiten muss man diese Lust am Weitermachen regelrecht suchen und wenn man sie gefunden hat, sollte man sie mit einer gewaltigen Portion Humor am Leben halten. So lässt sich vieles besser bewältigen.

Eine letzte Anekdote, die seltsamerweise wieder etwas mit einer Toilette zu tun hat: Bei einer Veranstaltung bat mich eine hochrangige Politikerin, auf ihre Handtasche zu achten, während sie die Toilette aufsuchte. Ich wollte gar nicht bewusst lustig sein, als ich sie fragte, ob es bei der Veranstaltung auch Presse gab. Sie fragte mich, warum. Meine Antwort kam prompt. Ich hatte Angst vor den Schlagzeilen – vielleicht würde dann am nächsten Tag in der Zeitung stehen: Skandal – Insolventin passt auf die Staatskasse auf! Die Politikerin hat Tränen gelacht! Und ich musste auch mitlachen. Oft haben Menschen mich gefragt, wie ich denn in meiner Situation noch lachen könnte. Diese Frage beschäftigt mich sehr. Erstens ist es bekannt, dass Lachen im Rahmen einer Insolvenz nicht zu den pfändbaren Sachen gehört, und damit muss es nicht abgetreten werden. Zweitens ist es noch bekannter, dass Lachen sehr gesund ist. Lachen versorgt den ganzen Körper mit Sauerstoff und schüttet Glückshormone im Körper aus. So bekommt man Kraft. Giovanni Guareschi stellte fest: »Humor ist die Medizin, die am wenigsten kostet und am leichtesten einzunehmen ist.« Und in der Insolvenz brauchen wir wirklich Dinge, die wenig oder gar nichts kosten. Würde man eine Engländerin für verrückt erklären, wenn sie insgeheim hofft, dass der Pleitegeier von der Vogelgrippe angesteckt wird und daran stirbt? Oder würde man sagen: Da ist er wieder, der berühmte britische Humor. Humor ist ein Schatz, der nichts kostet und unheimlich beflügelt.

Für mich ist auch die Freundschaft ein sehr wichtiges Thema. Man kann viele Freunde haben. Was eine Freundschaft wirklich wert ist, erfährt man immer erst dann, wenn man die Freunde wirklich braucht. Ich persönlich habe während der Insolvenz sehr viel über Freundschaft gelernt. Viele alte Freunde waren für mich da und halfen mir. Nur ganz wenige Menschen haben sich von mir entfernt. Aber es kamen auch neue Freunde dazu.

Als es noch darum ging, die Firma zu retten, habe ich unheimlich viel gearbeitet und so hatte ich kaum Zeit für die Menschen, mit denen ich nicht beruflich zu tun hatte. Ich habe viele Freundschaften nur durch gelegentliche Telefonate aufrechterhalten. Für mich ist eine gewisse Sicherheit sehr wichtig – typisch für einen Menschen mit dem Sternzeichen Stier. So habe ich immer versucht, für schlechte Zeiten vorzubauen, indem ich etwas Geld zurücklegte. Das bringt mich auf Joachim Ringelnatz, den deutschen Schriftsteller, Kabarettisten und Maler, der einmal sagte: »Sicher ist, dass nichts sicher ist. Selbst das nicht.« Ringelnatz war doch mal Seemann. In dieser Zeit hatte er zahlreiche Nebenberufe – die Rede ist von über 30 – und war auch immer wieder arbeitslos. Im englischen Hull, wo ich studierte, war Joachim Ringelnatz sogar obdachlos und lebte von Essensspenden. Dass die Seemänner viel über das Scheitern wissen, hatte ich doch gelernt. Dass aber ein so weiser Spruch von einem ehemaligen Seemann kommt, der als Deutscher auch noch in Hull gelebt hatte, das musste ein Zeichen sein. Schließlich bin ich Engländerin, die auch einmal in Hull gelebt hatte und nun in Deutschland wohnt. Nur zur See hatte ich es noch nicht geschafft. Aber ich schweife ab.

Als die Insolvenz schließlich unausweichlich wurde, waren meine Ersparnisse natürlich auch weg. Die Konten waren gesperrt und am Anfang war nicht einmal klar, woher ich überhaupt Geld zum Leben bekommen sollte. Ich wusste einfach nicht, wie es weitergehen sollte. England ist eine Insel, das ist bekannt. Ich müsste also über viel Erfahrung mit dem Alleinsein verfügen. Aber im ersten Moment fühlte ich mich selber wie eine einsame, verlassene Insel, ganz alleine und weit entfernt von allen anderen. Zum ersten Mal im Leben hatte ich kein Ziel, an dem ich mich festhalten konnte, denn alle meine Ziele waren soeben verschwunden. Welche Ziele sich aus dem Nichts entwickeln können, ahnte ich zu diesem Zeitpunkt noch nicht. Ich grub in meinen Gedanken herum wie ein Maulwurf, der einen geeigneten Platz für eine Nestkammer sucht. Der Maulwurf gräbt mit einer Geschwindigkeit von bis zu sieben Metern in der Stunde! Die Grabegeschwindigkeit in meiner Gedankenwelt lag deutlich darunter. Aber dann geschahen einige Dinge, die mich aus meiner Lethargie und meiner Einsamkeit herausholten.

Eines Tages klingelte es an der Tür. Draußen stand eine Redakteurin, die einmal einen Fernsehbeitrag über meine Firma gemacht hatte. Sie hatte gehört, dass ich insolvent bin. Sie brachte mir ein goldfarbenes Sparschwein mit einem Schornsteinfeger obendrauf mit. Beide sollten mir Glück bringen, sodass ich die Insolvenz gut überstehen konnte und nicht aufgab. Das brachte mich ins Grübeln. Warum ist das Schwein eigentlich ein Glückssymbol? Es gibt ja auch viele entsprechende Redensarten wie zum Beispiel »Da habe ich aber Schwein gehabt.« Der wilde Eber war das heilige Tier der germanischen Götter. Die germanische Göttin Freya hatte den Beinamen Syr, was Sau bedeutet. Freya ist die Göttin der Liebe, der Schönheit, der Fruchtbarkeit, der guten Jahreszeiten und der Geburt, sie ist aber auch die Göttin des Wohlstandes. Man isst traditionell am Neujahrstag Schweinefleisch und Sauerkraut, das soll im neuen Jahr Glück bringen und dafür sorgen, dass uns das Geld nicht ausgeht. Scheinbar kommt das Glückssymbol Schwein daher, dass man in früheren Zeiten wenig Fleisch hatte und es deswegen als Symbol des Wohlstands galt.

Aber ich glaubte wirklich, dass mein Schwein pfeift, denn diese Redakteurin hatte ich ewig nicht gesehen und ich hätte nie damit gerechnet, dass sie bei mir zu Hause auftaucht. Ich war ganz gerührt. Das Sparschweinchen grinste mich golden an und ich hoffte, dass es mir wirklich Glück bringen würde. Philip Rosenthal stellte fest: »Erfolg im Leben ist etwas Sein, etwas Schein und sehr viel Schwein.« Ein Glück hatte ich schon, denn das erste Zeichen der Freundschaft war da. Und den Rest wollte ich dem Sparschwein überlassen. Die Redakteurin erzählte mir, wie sie mich sah. Sie sagte: »Sie sind doch eine ideenreiche Frau. Sie werden das gut überstehen. Davon bin ich überzeugt.« Was für ein Glück, dass solche Menschen in solchen Momenten auftauchen, denn man fühlt sich in dem Moment nicht gerade ideenreich. Und ich hoffte so sehr, dass sie recht behalten würde. Es war auf jeden Fall ein Ansporn weiterzumachen. Dass diese Worte von jemandem kamen, den ich gar nicht so gut kannte, überraschte mich sehr.

Zu Anfang meiner Insolvenz war ich tatsächlich ganz ohne Geld. Ich hatte zwar Arbeitslosengeld beantragt, aber das Arbeitsamt hatte abgelehnt und es lief ein Widerspruch, auf dessen Ausgang ich noch warten musste. Ich hatte noch kein Konto und musste nun erst klären, wie ich das Kindergeld bekomme. Ohne Bankkonto erhält man in Deutschland scheinbar kein Kindergeld. Alles war anders als früher. Und ich überlegte, wie die Menschen, die mich kennen, auf meine Insolvenz reagieren würden. Ich ging zum Computer und entdeckte, dass reihenweise E-Mails angekommen waren. Es war unglaublich! Ich war Mitglied in einem Verband für Selbstständige und hatte per E-Mail mitgeteilt, dass meine Firma nicht mehr existierte und dass ich aller Voraussicht nach die Gebühren für meine Mitgliedschaft nicht mehr bezahlen könnte. Außerdem hatte ich einen Artikel über die Insolvenz mitgeschickt, den ich geschrieben hatte. Der Präsident des Verbandes hatte mir nun geantwortet:

»Sehr geehrte Frau Koark,
es liegt mir sehr am Herzen, Ihnen mitzuteilen, dass Sie auch weiterhin bei uns Ihre Partner finden werden! Ihr Artikel über die negativen persönlichen Erlebnisse ist sehr wichtig. Wir sollten uns überlegen, wie wir für Unternehmer rechtzeitig ein Programm anbieten, das auch die menschliche Komponente berücksichtigt. Insolvenz darf kein persönlicher Weltuntergang sein, sondern der erste Schritt in einen Neuanfang oder eine Neustrukturierung! Nach der Lektüre Ihres Artikels sehe ich hier ein neues Aufgabengebiet, das meines

Wissens noch niemand aufgegriffen hat und das seriös bearbeitet werden müsste. Ich wünsche Ihnen vor allem gute Nerven und viel Kraft und Gesundheit für die nächste Zeit! Sie können mich jederzeit ansprechen und ich freue mich schon heute auf Ihre nächsten Vorträge!«

Ich war überrascht und bewegt, dass dieser Verband mit mir so menschlich umging und mir sogar Mut machte. Es gab keinen direkten persönlichen Kontakt. Wir hatten immer nur im Rahmen meiner Firma miteinander zu tun gehabt. Ich hätte wirklich nie erwartet, was die Menschen mir alles geben würden. Diese Hochachtung, die ich erfuhr, kam für mich völlig überraschend. Vielleicht lag es daran, dass ich alle angeschrieben hatte, um sie über die Insolvenz zu informieren. Ich wollte, dass die Menschen, die mit mir zu tun hatten, von mir erfahren, dass ich gescheitert bin. Diejenigen, die damit nicht so gut umgehen konnten, hatten die Möglichkeit, sich unauffällig zu distanzieren. Dass aber so viele Menschen zu mir hielten, grenzte für mich fast an ein Wunder. Vielleicht aber waren all diese Menschen im Grunde gute Psychologen, denn mit jeder Nachricht, die von ihnen kam, wuchs in mir der Anspruch, ihrer guten Meinung von mir gerecht zu werden. Ich wollte mich ihrer Anerkennung und Freundschaft würdig erweisen.

Eine andere Frau, die ich aus einem Businessnetzwerk kannte, hatte ich auch angeschrieben und darüber informiert, dass ich insolvent bin. Ich hatte in der Zeit vorher schon länger nichts von ihr gehört und mich darüber etwas gewundert. Sie hatte sicherlich schon durch andere erfahren, was passiert war. Nun hatte sie auf meine E-Mail und meinen Artikel reagiert. Ich war auf ihre Antwort sehr gespannt.

»Liebste Anne,
hab tausend Dank für Deine E-Mail. Sie hat mir sehr dabei geholfen, die Worte für diese E-Mail zu finden, denn ich dachte eigentlich schon länger daran, Dir zu schreiben. Von P. hatte ich von Deiner Insolvenz erfahren und war sehr bestürzt. Glaube mir, dass ich Dir sehr gut nachempfinden kann – nicht aus direkter persönlicher Erfahrung, aber ›pretty close‹. Sicherlich war es nicht richtig von mir, mich nicht gleich bei Dir zu melden. Es fehlte mir einfach daran, die richtigen Worte (geschrieben oder telefonisch) zu finden. Ich wollte Dir keine Unterstützungsversprechungen machen, die ich dann nicht einhalten kann, wollte Dir nicht mein Bedauern ausdrücken und Dich damit runterziehen, und um Dir Mut zuzusprechen, hätte ich nur allgemeine Floskeln gefunden, was ich absolut ablehne.

Stattdessen hatte ich mich dazu entschlossen, Dich mental zu unterstützen. Habe oft an Dich gedacht und Dir mental Mut und Kraft versucht zu schicken und war irre froh, als ich Deinen Artikel komplett bis zum Ende durchgelesen hatte. Es scheint angekommen zu sein – als Teil eines großen Pakets, das man Dir geschickt hat. Nicht zu vergessen, dass Du es geschafft hast, Deine eigene Kraftzentrale zu mobilisieren. Sei Dir gewiss, dass ich absolut zu Dir – als Mensch und Geschäftsfrau – stehe und immer gerne für Dich da bin, sei es für ein Gespräch, für mentalen Aufbau oder sonst wie. Wir stehen uns nicht so nahe, sodass ich mit diesen Worten nicht anmaßend sein möchte, Dich aber wissen lassen möchte, dass ich gerne für Dich da bin, wenn Du mich als diejenige empfindest, die Du in diesem Moment oder in dieser oder jener Sache anrufen oder anschreiben möchtest. Ich habe das Gefühl, dass wir auf einer Welle liegen, und möchte Dir sagen, dass mich Deine lebensfrohe Art, Deine Ausstrahlung und Deine Art, die Dinge anzupacken, zu sehen und mit ihnen umzugehen, sehr inspiriert hat und mir die Gespräche mit Dir für meinen Schritt in die Selbstständigkeit sehr viel Mut gemacht haben. Der neueste Artikel ist nur ein erneuter Beweis für Deine besondere und positive Art, mit außergewöhnlichen Dingen umzugehen, an denen andere verzweifeln.

Mag es abgedroschen klingen, aber für mich steckt viel Kraft in den Worten ›Es gibt NICHTS so Schlechtes, das nicht noch etwas Gutes hätte‹ – das Problem daran ist nur immer, dass man sich geraume Zeit durch den Sumpf kämpfen muss ohne ›the BIG picture‹ – das ist das Schwere. Ist man offen genug – und das bist Du bei Gott –, kommt auf einmal der Punkt, wo Schicksalsschläge ihren Schrecken verloren haben und man in ihnen einen Wendepunkt oder den letzten Anstoß sehen kann, den man gebraucht hat, um etwas Neues, viel Größeres anpacken zu können. Liebe Anne – ich danke Dir dafür, dass Du mich durch die Übersendung des Artikels so an Deiner Situation und Deinen vergangenen Schwierigkeiten hast teilhaben lassen, mir geholfen hast, Dir endlich ein paar Zeilen zukommen zu lassen, und ich weiß, dass Du die Kraft hast, auch dieses Tal sicheren Schrittes zu durchschreiten. Und sollte einmal einer dieser Momente kommen oder einer dieser Tage sein, an denen das ›sich selbst am Schopf Hochziehen‹ nicht so recht klappen will, so reihe ich mich gerne in die lange Schlange derer ein, die für Dich da sind, denen Du Dein Herz ausschütten kannst, ohne Dein Gesicht dabei zu verlieren, und die sich neidlos mit Dir über Deine neuen Erfolge von ganzem Herzen mitfreuen können. Mag es wirtschaftlich nicht gut sein – so hast Du so viel Herz, Wärme, Liebe und die seltene Gabe, Deinen Mitmenschen ein frohes Herz schenken zu können, und das sind Dinge, die von unschätzbarem Wert sind und die nicht im Rahmen der Insolvenz versteigert werden können ;-)))«

War es schlimm, dass sie sich vorher nicht gemeldet hatte? War es schlimm, dass sie erst einmal nicht so recht wusste, was sie hätte sagen sollte? Pythagoras von Samos sagte: »Man soll schweigen oder Dinge sagen, die noch besser sind als das Schweigen.« Ich liebe Pythagoras, denn der Mann war so vielseitig und seine Weltanschauung fasziniert mich. Er hatte als Erster herausgefunden, dass die Erde rund ist, dass alle Planeten eine Achse haben und dass alle Planeten um einen zentralen Punkt kreisen. Er konnte vieles mit der Mathematik begründen. Pythagoras entdeckte bei seinen Analysen unter anderem die Quadratzahlen. Er ist natürlich für das 3-4-5-Dreieck am meisten bekannt, also $a^2 + b^2 = c^2$ oder zum Beispiel $3^2 + 4^2 = 5^2$. Genau genommen waren viele seiner Theorien darauf begründet, dass man immer mindestens zwei Seiten der Dinge sehen musste, bevor man etwas wirklich begreift. Ohne die zwei Seiten des Quadrats oder die zwei Seiten eines rechtwinkeligen Dreiecks zu berücksichtigen, hätte er weder die Quadratzahlen noch den Satz des Pythagoras gefunden. Für mich ist Pythagoras der Mann der vielen Seitenbetrachtungen. Vielleicht würde er in einer solchen Situation wie meiner auch den Blickwinkel des anderen betrachten, bevor er sich eine Meinung darüber bildet, was gut oder schlecht ist. Alles hat eben zwei Seiten! Diese Überlegung hat mir geholfen, die Reaktion meiner Bekannten besser einzuschätzen.

Ist es ein Fehler, Angst zu haben, dass man nicht die richtigen Worte findet? Ich denke nein. Diese E-Mail fand ich einfach so wertschätzend, dass ich beschloss, sie für die Zukunft aufzuheben. Mir war dabei etwas Interessantes aufgefallen. Nicht nur derjenige, der gescheitert ist, hat damit Probleme, seine Sorgen und Ängste zu artikulieren. Auch derjenige, der etwas erfährt, worüber normalerweise nicht gesprochen wird, ist im ersten Moment überfordert. Er weiß oft nicht, welche Reaktion angemessen und gut ist. Wenn ein Mensch nicht spricht, unterstellen wir ihm gerne, dass er es nicht gut mit uns meint. Es kann aber genau andersherum sein. Gerade weil er es gut mit uns meint, weiß er vielleicht nicht, was er sagen soll. So verhielt es sich sicherlich mit meiner Bekannten aus dem Businessnetzwerk. Ihre Antwort hat eine Größe und eine Menschlichkeit, die kaum zu übertreffen ist.

Im E-Mail-Briefkasten fand ich auch eine Nachricht von einem meiner Geschäftspartner. Ich war sehr gespannt, was er schreibt.

»Hallo Anne,
gratuliere zu Deinem Mut. Sicher – die Liquiditätsangst geht um in Deutschland. Meine Firma ist auch vier Jahre alt, wie Deine. Unser Steuerberater hatte nach zwei Jahren sogar einen Gewinn ausgewiesen. Das hätte uns fast das Genick gebrochen. Warum? Weil wir mit einem Schlag so viel ans Finanzamt zahlen mussten, dass wir nicht wussten, woher das Geld nehmen. Gestern Abend las ich das Buch ›Out of Afrika‹. Ziemlich am Schluss muss Tania Blixen ihre Farm in den Ngong Hills in Kenia aufgeben. Diese Schilderung von Tania Blixen hat sich ebenso bitter angehört wie Dein Bericht. Du bist ein toller Kerl, das wissen alle, die Dich kennen. Bleibe tapfer, Du wirst es schon schaffen. Was ich Dir im Augenblick anbieten kann, ist eine Begleitung Deines Songs. Ich bin kein guter Gitarrespieler, aber für eine Begleitung reicht es vielleicht noch. Also, mach es gut und sage bitte in Zukunft ›Du‹ zu mir. O.K.?«

Von dem Religionsphilosophen Martin Buber ist der Ausspruch überliefert: »Der Mensch wird am Du zum Ich.« Ich hatte nie begriffen, was er eigentlich damit meinte. Aber jetzt, beim Lesen der E-Mail, glaubte ich es endlich verstanden zu haben. Das hat doch irgendwie etwas mit dem Gebot »Liebe deinen Nächsten wie dich selbst« zu tun, oder? Mir als Engländerin war die Frage »Du« oder »Sie« ja im Grunde egal, denn im Englischen gibt es diese Unterscheidung nicht. In diesem Moment aber bin ich beim Angebot des »Du« um fünf Zentimeter gewachsen. Und ich überlegte: Wie kam es, dass mir das »Du« gerade jetzt angeboten wurde? Vielleicht bin ich in dem Moment, als ich scheiterte, für den anderen als Mensch sichtbar geworden, mit all seinen Fehlern und Versäumnissen? Ich weiß es nicht. Mein Geschäftspartner schien zu glauben, dass ich es schaffe, mit der Situation umzugehen. In diesem Moment war es für mich sehr wichtig, was die anderen über mich sagen, denn ich wusste eben nicht, wie ich selbst in einer solchen Situation handeln würde. Ich war zuvor noch nie insolvent gewesen. Und ich hielt mich an ihren Worten fest.

Dieser Ansporn von außen tat mir unendlich gut, denn in dem Moment, in dem man am verletzlichsten ist, wird die Anerkennung der anderen zu einer Art Schutz – so habe zumindest ich das erfahren. Schon Charles Schwab, der US-amerikanische Industrielle und Stahlmagnat, sagte: »Durch Anerkennung und Aufmunterung kann man in einem Menschen die besten Kräfte mobilisieren.« Und Charles Schwab wusste wohl, was ein Mensch eigentlich braucht, wenn es schiefgeht, denn er starb bankrott und hatte sicher die Anerkennung und Aufmunterung durch andere sehr nötig. Ich war wieder einmal, auch im Vergleich zu ihm, ein richtiger Glückspilz. Das ist auch so ein deutsches Wort, das mich die ganze Zeit beschäftigt hält. Woher kommt der Begriff Glückspilz? Liegt es daran, dass es ein Glück für den Laien ist, zwischen den giftigen und ungiftigen Pilzen richtig unterschieden zu haben? Liegt es daran, dass man die Feenwelt mit Pilzen in Zusammenhang bringt? Liegt es daran, dass manche Pilze heilende Wirkungen haben? Oder liegt es daran, dass manche Pilze, wie der Fliegenpilz, halluzinogene Stoffe beinhalten und man nach dem Genuss einen rauschähnlichen Zustand erreicht, also glücklich ist? Keiner hat es mir bislang erklären können. Aber egal woher der Begriff kommt, bin ich sicherlich ein Glückspilz, denn so viel heilsamen Zuspruch von Freunden kann ein Mensch gar nicht haben. Und es waren nicht nur Freunde, die zu mir hielten. Auch aus dem rein beruflichen Umfeld kam viel Unterstützung und das hat mich noch mehr überrascht.

Natürlich gab es ab und zu jemanden, der sich von mir abgewendet hat. Auch das betrachte ich als Glück, denn bei so vielen Menschen, die mich unterstützten, wäre es ziemlich vermessen gewesen, nur das Unglück zu sehen. Und wenn jemand deutlich machte, dass er nicht zu mir stand, hatte das auch etwas Gutes. So konnte ich meine Zeit für die wirklichen Freunde aufsparen.

Auch bei meinen vielen öffentlichen Auftritten konnte ich auf die Unterstützung durch gute Freunde zählen. Da ich nach der Insolvenz so viel zugenommen hatte, passten mir meine Sachen nicht mehr. Aber was macht eine Insolventin, wenn sie kein Geld für neue Kleidung hat? Man kann ja schließlich nicht im Pyjama auf der Bühne stehen. Ich rief eine Freundin an und fragte, ob sie mir etwas leihen könnte. Das tat sie auch, aber irgendwie sprach es sich herum, dass ich nichts zum Anziehen hatte. Und so kam tütenweise gute gebrauchte Kleidung bei mir an. Manche Freundinnen hatten ihre Kleiderschränke durchforstet und das aussortiert, was sie selber nicht mehr anzogen. Andere hatten bei anderen Freundinnen gefragt. Ohne dass ich in Geschäften Geld ausgeben musste, hatte ich immer etwas Neues zum Anziehen. Für mich hatte mit der Insolvenz auch eine Zeit begonnen, in der ich lernen musste, dass Nehmen auch in Ordnung ist. Eine Freundin, die mir Kleidung vorbeibrachte, sagte einmal zu mir: »Wie schön, dass du insolvent geworden bist.« Wie bitte? Warum freute sie sich, dass ich insolvent bin? Das musste sie mir erklären! Sie sagte, dass ich immer für alle da gewesen sei und nie hätte irgendjemand etwas für mich tun können. Und sie ergänzte: »Und nun muss Superman uns auch erlauben, dass wir helfen dürfen. Das finde ich toll!« Ja, jeder Mensch braucht das Gefühl von Geborgenheit. Und meine Geborgenheit fand ich in der Freundschaft, die mir entgegengebracht wurde. Es ist eine ganz andere Form der Sicherheit, als ich sie früher in Form von Geld gehabt hatte. Es breitete sich ein Netz aus Menschlichkeit unter mir aus und fing mich auf. Dafür gibt es noch ein paar sehr schöne Beispiele, an die ich gerne denke.

Bei einem Freund hütete ich ab und zu seinen Hund. Er rief mich an und fragte, ob ich den Hund für ein paar Tage nehmen könnte. Der Hund und ich sind ein Herz und eine Seele und ich freute mich, dass er wieder bei mir sein würde. Am frühen Abend klingelte es an der Tür, der Hund kam rein und sein Herrchen erklärte mir, er müsse noch ein paar dringende Einkäufe tätigen. Es dauerte lange, bis er wieder zurück war. Und dann stand er mit sechs großen Einkaufstüten voller Essen an der Tür. Ich schimpfte über seine Unkenntnis der Haushaltsführung, denn er ist alleinstehend und wollte doch am nächsten Tag verreisen. Deshalb hatte ich ja den Hund. Die Tüten waren mit frischen Sachen gefüllt und ich wusste, dass sie schlecht werden, wenn sie eine Woche herumliegen. Mein Freund aber strahlte übers ganze Gesicht und sagte mir, dass das Essen sicherlich nicht schlecht würde, denn es wäre für mich und für meine Kinder. Es gab viele solche Erlebnisse mit meinen Freunden, die mich lehrten, was Freundschaft wirklich heißt.

Dann nahte das Weihnachtsfest und ich überlegte und überlegte, wie ich es für mich und meine Kinder gestalten könnte. Weder für einen Weihnachtsbaum noch für ein schönes Essen hatte ich Geld. Und wo sollten die Weihnachtsgeschenke herkommen? Das war nun eine ganz spezielle Form des Weihnachtsstresses! Ich musste einen Weg finden, damit alles einigermaßen klappte. Aber dann kam es wieder einmal ganz anders. Eine Freundin rief an. Sie sagte mir, dass sie lange überlegt hatte, was sie mir zu Weihnachten schenken könnte. Sie dachte, dass die Kinder sich über einen Weihnachtsbaum freuen würden, und bot an, einen Baum aus dem Wald zu holen. Echte Freundschaft lässt das Unglück verblassen und macht das Glück wirklich strahlend. Und ich strahlte vor Glück! Was für eine wunderschöne Idee. Wie schön, dass sich jemand etwas für uns überlegt hatte, was wir wirklich brauchten.

In den folgenden Jahren kam eine andere Freundin auf die gleiche Idee und so haben wir jedes Jahr einen Weihnachtsbaum gehabt. Und obwohl sie kein Auto hatte, fuhr sie mit der S-Bahn und mit dem Bus zu uns, um uns einen zwei Meter großen Weihnachtsbaum zu bringen! Und so ging es Jahr für Jahr. Immer reiste ein Baum zu uns, mal per Bus, mal mit der S-Bahn, mal mit der U-Bahn. Abraham Lincoln sagte: »Ein Charakter ist wie ein Baum und der gute Ruf wie sein Schatten.« In diesem Sinne werfen die Geschichten um unsere Weihnachtsbäume der letzten Jahre immer noch ein herrlich warmes Licht in mein Herz, und über den Charakter jedes großzügigen Spenders brauchte ich gar nicht mehr nachzudenken, weil ich ihn in Gedanken immer noch schnaubend und fröhlich lachend mit dem Baum durch die Tür kommen sehe.

Die Frage, was es an Weihnachten zu essen geben soll, blieb jedoch noch offen. Und dann klingelte wieder das Telefon. Es war mein allerbester Freund, Hans, der mir mitteilte, dass er mir zu Weihnachten einen Truthahn schenken möchte. Über die Bedeutung des Truthahns gibt es zahllose Geschichten, die aus der ganzen Welt kommen. In der Traumdeutung ist der Truthahn ein Symbol dafür, dass man sich daran erinnern soll, dankbar zu sein für das, was man hat, und dass man das teilen sollte, was einem geschenkt worden ist. In vielen östlichen Stämmen gelten die Federn eines Truthahns als kraftvolle Medizin und Symbole der Weisheit. Viele Indianerstämme betrachten den Truthahn als schamanistisches Medium zwischen den Geistern des Himmels und den Geistern der Erde. Die Wild-Truthahnfeder steht für die Freude, die wir empfinden, wenn wir anderen helfen können. Und so war dieser Truthahn für mich ein Symbol des Zusammenkommens, das ich unerwartet erlebt hatte. Alle hatten auf ihre Weise an mich und meine Kinder gedacht.

Eine andere Freundin schickte mir zu Weihnachten Wein. Somit war das Fest gerettet. Ich musste nur noch das Gemüse kaufen. Wir Engländer feiern Weihnachten am 25. Dezember in großer, lustiger Runde. Der Truthahn war groß und so rief ich viele meiner Freunde an und lud sie ein, gemeinsam mit uns Weihnachten zu feiern. So konnte ich das teilen, was mir geschenkt worden ist, und so war auch endlich das Geben wieder möglich, denn ich konnte den Rahmen für ein gemeinsames Fest schaffen, das mit all den lieben Geschenken meiner Mitmenschen ausgestattet war. Der Esstisch im Wohnzimmer wurde ausgezogen und wir saßen alle zusammen. Man kann sich nicht reicher fühlen, als in der Weihnachtszeit von guten Freunden umgeben zu sein. Was für eine wunderschöne Feier hatten wir. Eine Freundin las eine Weihnachtsgeschichte vor. Ein Pärchen brachte die Gitarre mit und sang Weihnachtslieder. Auf dem Tisch waren Christmas Crackers, die typischen englischen Knallbonbons, die meine Mutter mir geschickt hatte. Ein Christmas Cracker besteht aus einem Röhrchen aus Pappe, das in weihnachtliches Papier gewickelt ist. Die Form erinnert an die Verpackung eines Bonbons, da an jedem Ende der Christmas Cracker das Papier zusammengebunden ist. Verglichen mit den Knallbonbons in Deutschland sind die Christmas Crackers größer und in jedem befinden sich ein kleines Geschenk, eine Papierkrone und ein lustiger Spruch. Zwischen der Pappe und dem Papier ist ein Zündstreifen angebracht, der bei gleichzeitigem Ziehen an den beiden Enden ausgelöst wird. Es knallt und einer der Ziehenden hat dann der Hauptteil des Christmas Crackers in der Hand. Auf dem Zündstreifen ist Kaliumchlorat und roter Phosphor – eine Mischung, die als dynamitähnlich gilt. Kein Wunder, dass jedes Jahr die Post den Inhalt der Pakete überprüft und die Weihnachtspakete meiner Mutter somit immer umgepackt in einer durchsichtigen Folie ankommen. Mittlerweile darf man von England aus die Pakete mit Christmas Crackern nur per Schiff und nicht per Flugzeug schicken. Es ist mir ein

Rätsel, warum man ein Schiff zu Weihnachten in die Luft sprengen darf ... Aber dies nur nebenbei.

Die Weihnachtsgäste saßen bald alle mit einer Papierkrone auf dem Kopf da und es wurde viel gelacht. Wir genossen das gemeinsame Essen und das unerwartete Zusammentreffen vieler meiner Freunde. Von nun an feierten wir jedes Jahr Weihnachten zusammen. Manchmal hatte ich das Gefühl, als ob über meiner Wohnung zu Weihnachten ein besonders heller Stern leuchtete und die drei Weisen aus dem Morgenland dieses Mal mit Bus, Bahn und Auto anstatt mit Kamelen anreisten. Sie brachten statt Gold, Weihrauch und Myrrhe lieber etwas Praktisches: Weihnachtsbäume, Truthahn und Wein. Man sagt, dass das Wort Weihnachten von den Worten »weih« oder »weich«, nämlich heilig und Nacht stammen. Das heißt dann Heilige Nacht. Bei uns in England wird Weihnachten 25. Dezember morgens gefeiert und das Essen gibt es immer mittags. Somit ist es ein heiliges Mittagessen. Oder vielmehr ein heiliges Miteinander-Essen. Ganz schön gewagt, wenn man betrachtet, dass die Köchin Engländerin ist! Es gibt ja eben geteilte Meinungen über die englischen Kochkünste. Aber wir haben es alle überlebt, und das mehrmals.

Wann immer ich an die Menschen denke, die in den letzten sechs Jahren für mich da waren, so denke ich an die vielen Worte, die im Deutschen mit der Vorsilbe »mit« anfangen. Ich denke an die verschiedenen Anlässe und Gelegenheiten, bei denen ich es mit den Menschen zu tun hatte. Mit diesem habe ich das und das erlebt, und mit jenem das und das gemacht oder erledigt. Die Worte, die mit »mit« anfangen, sind tolle Worte. Zum Beispiel: Mittäter, Mitschuld, Mitgefühl, Mitarbeit, Mitdenken, Mitschreiben, Mitfreude, Mitmenschen. Mittäter im positiven Sinn gab es genug, denn viele Menschen standen mir mit Tat und Rat in den schwierigsten wie in den guten Zeiten zur Seite. Mitschuld sind all diese Menschen, dass die sechs Jahre richtig gut zu Ende gegangen sind und dass immer, immer, wenn irgendetwas gefehlt hat, ich mir keine Sorgen machen musste. Mitschuld sind sie natürlich auch daran, dass ich immer noch lachen kann. Mit Arbeit standen sie mir auch zur Seite – ich muss nur an meinen Umzug denken. Mit Gefühl haben sie sich immer etwas einfallen lassen, auf das ich nicht gekommen wäre, um mir zu helfen. Sie gaben mir nie das Gefühl, ich sei arm. Deshalb stelle ich mit Freude fest, dass ich in der Insolvenz immer reich war, und mein Besitz bestand nicht aus Geld, sondern aus Menschen, die immer da waren, wenn es brannte. Zum Mitschreiben wäre es jetzt, wenn ich einfach sagen darf, dass ich stolz bin, solche Menschen zu kennen. Mit Freude haben sie mein Leben leichter gemacht. Solche Mitmenschen zu haben ist der größte Schatz, den ein Mensch haben kann.

Mein Fazit zum Thema Besitz: Es gibt so vieles, was man beim Scheitern nicht verliert. Freunde, Humor und die Erkenntnisse der eigenen Kindheit sind nur ein paar davon. Aber mit diesen Juwelen in der Schatzkiste wird man nie wirklich arm. Sie spornen uns an, die zweite Chance ausfindig zu machen und in Angriff zu nehmen. Ich würde sicher mein Schicksal und meine Mitmenschen enttäuschen, wenn ich es nicht tun würde.

Nicht nur eine Frage
der Gerechtigkeit

Als ich Deutsch lernte, merkte ich, dass es ein paar Universalgesetze dieser Sprache gibt, die man einfach verstehen muss. Es fiel mir auf, dass überall, wo es ein Wort mit der Endung »geber« gibt, es auch eine Entsprechung mit der Endung »nehmer« gibt. Beispiele hierfür sind: Lizenzgeber und Lizenznehmer, Arbeitgeber und Arbeitnehmer, Geldgeber und Geldnehmer, Kreditgeber und Kreditnehmer, Auftraggeber und Auftragnehmer, Versicherungsgeber und Versicherungsnehmer und so weiter. Das brachte mich auf einen Gedanken: Wenn es einen Gesetzgeber gibt, muss es eigentlich auch einen Gesetznehmer geben. Wer ist aber der Gesetznehmer? Ist derjenige der Gesetznehmer, der gegen die Gesetze verstößt? Oder ist derjenige der Gesetznehmer, in dessen Namen die Gesetze erlassen werden? Oder ist derjenige etwa der Gesetznehmer, der sich innerhalb eines gesetzlichen Rahmens gesetzeskonform verhält? Es gibt auf der Welt Millionen und Abermillionen Gesetze, die alles regeln sollen. Wer soll aber all diese Gesetze nehmen? Als ich nach Deutschland kam und mich mit dem Bürgerlichen Gesetzbuch (BGB) beschäftigte, weil ich wissen wollte, was ich alles einzuhalten habe, musste ich mich durch fast 3000 Paragrafen durchkämpfen. Da dämmerte es mir, dass es lange dauern würde, bis ich das alles verstehe. Natürlich ist eine Vielzahl von Gesetzen sehr wichtig. Wenn wir uns eingehend mit diesen vielen Gesetzen auseinandersetzen würden und sie alle studierten, dann hätte niemand mehr die Zeit und die Unkenntnis, gegen irgendein Gesetz zu verstoßen. So würde das private Studium der Gesetze möglicherweise erheblich dazu beitragen, dass wir weniger Gesetzesübertretungen in der Bundesrepublik Deutschland hätten. Und wenn die Gesetze alle so lang sind wie die Insolvenzordnung, die immerhin 359 Paragrafen hat, dann sind wir Jahrzehnte damit beschäftigt, sie alle zu lesen. Aber: Wer kann das schon?

Kein Mensch wird jemals wissen, was in den vielen Bundes- und Landesgesetzen und all den Verordnungen steht. Sogar ein

Rechtsanwalt muss oft unzählige Kommentare lesen, um das Gesetz zu deuten. Dann haben wir Laien wohl keine Chance, echte Gesetznehmer zu werden. Bei 359 Paragrafen kann man nicht wirklich behaupten, dass die Insolvenzordnung kurz ist. Kein Wunder, dass ich und viele andere Betroffene Wochen brauchen, um in Erfahrung zu bringen, was für Rechte und Pflichten wir innerhalb der Insolvenzordnung haben. Ist es denn zu viel verlangt, ein Gesetz herauszubringen, bei dem die Gesetznehmer wissen, was sie tun dürfen und was nicht? Es gibt sehr viele Einzelheiten im Insolvenzrecht, die mir immer wieder auffielen und über die ich mich als Rechtslaie wirklich wundern musste. Und das fing gleich mit der Anmeldung der Insolvenz an.

Ich traute meinen Augen nicht, als ich auf dem ersten Bescheid nach der Anmeldung las: »Für den Fall, dass die Auskünfte nicht innerhalb der Frist erteilt werden, kann ein **Vorführungs- bzw. Haftbefehl** erlassen werden.« Hier war nicht das Kleingedruckte das Interessanteste, sondern das Fettgedruckte: »Vorführungs- bzw. Haftbefehl« – habe ich das Gesetz falsch verstanden? Ich dachte, das Gesetz schreibt vor, dass ich Insolvenz anzumelden habe, wenn ich zahlungs*unfähig* bin – nicht wenn ich zahlungs*unwillig* bin. Ich dachte, dass ich mit der freiwilligen und unaufgeforderten eigenen Anmeldung der Insolvenz bekundet hätte, dass ich mitarbeiten will und für das geradestehen möchte, was ich verursacht habe. Es gibt, wenn man eine Rechnung nicht bezahlt, zunächst einmal eine Mahnung und danach erst rechtliche Schritte, die eingeleitet werden. Wenn man sinngemäß nach dem oben erwähnten Bescheid handeln würde, dann müsste man doch auf jede Rechnung schreiben: »... für den Fall, dass Sie nicht bezahlen, werden Sie verklagt«. Sogar in Artikel 11 Absatz 1 der Allgemeinen Erklärung der Menschenrechte der Vereinten Nationen von 1948 heißt es: »Jeder Mensch, der einer strafbaren Handlung beschuldigt wird, ist solange als unschuldig anzusehen, bis seine Schuld in einem öffentlichen Verfahren, in dem alle für seine Verteidigung nötigen Voraussetzungen gewährleistet waren, gemäß dem Gesetz nachgewiesen ist.« Wurde mir etwa in dem ersten Bescheid nach der Anmeldung meiner Insolvenz unterstellt, dass ich ein Gesetz nicht befolgen möchte, bevor ich es nicht befolgt habe? Und woher kommt diese Annahme? Liegt sie etwa darin begründet, dass man schon in der Sprache der Insolvenzordnung den Schuldner »Schuldner« nennt und damit von vorneherein davon ausgeht, dass er schuldig ist? Wäre es nicht an der Zeit, dieses zu ändern?

Das Wort Gesetz ist auch ein sehr interessantes Wort. Gesetzt den Fall, das Gesetz wäre gesetzt, dann wäre es sehr unbeweglich. Etwas, das sich gesetzt hat, bewegt sich ja nicht. Wenn aber das Wort Gesetz von Satz abstammen sollte, dann hieß es Gesatz und wäre etwas, was gesprochen beziehungsweise geschrieben worden ist. Dann wären Gesätze (etwas, was) so lebendig wie es die Sprache ist. Dann wäre ein Gesetz etwas, was sich der Gesellschaft anpasst. So wie die Sprache sich mit der Zeit wandelt, würden sich die Gesetze auch wandeln. Sie wären sozusagen selbstlernend. Könnten sie dann auch lernen, dass ein Schuldner nicht automatisch boshaft ist? Oder hatte das Gesetz schon einmal gelernt, dass Schuldner nicht automatisch boshaft sind und das dann wieder vergessen? In der Hamburger Fallitenordnung von 1753 ordnete man Schuldner in drei verschiedene Kategorien ein: bösartige Schuldner (Art. 102 HambFO), leichtsinnige Schuldner (Art. 104 HambFO), unglückliche Schuldner (Art. 106 HambFO).

Der bösartige Schuldner wurde nicht geschützt und haftete für alle Schulden. Der leichtsinnige Schuldner hatte fahrlässig gehandelt und musste daher den Gläubigern eine bestimmte Mindestquote erfüllen, bevor er aus der Schuldenfalle entlassen wurde. Der unglückliche Schuldner, der unverschuldet in die Situation kam, wurde mit Gnade behandelt, sodass eine Restschuldbefreiung möglich war. Wie schade, dass diese Regelung bei den vielen Menschen, die ich in den letzten sechs Jahren kennengelernt hatte, keine Anwendung finden konnte. Es waren so viele Menschen unter ihnen, die aus den verschiedensten Gründen in eine Insolvenz geschlittert waren und die sicherlich sehr beruhigt gewesen wären, wenn der Insolvenzhergang in ihrem Verfahren Berücksichtigung gefunden hätte. Aber dem ist leider nicht so.

Mittlerweile gibt es einige Reformen bei der Insolvenzordnung. Sie sollen dazu führen, dass, wenn möglichst viel Schulden bezahlt worden sind, der Schuldner Vergünstigungen bekommt. Die Vorgeschichte der Schuldensituation generell wird jedoch nach wie vor nicht berücksichtigt. Ist es nicht vielleicht an der Zeit, dass Justitia mit den Augen der Justiz, der Wirtschaft und der Gesellschaft ganz genau hinschaut? Justitia ist die römische Göttin der Gerechtigkeit und des Rechtswesens. Sie wird häufig als Wahrzeichen der Justiz verwendet. Justitia wird meistens als eine Frau mit verbundenen Augen dargestellt, die in einer Hand eine Waage und in der anderen Hand ein Schwert hält. Die Augenbinde steht für die Unparteilichkeit, die Waage für den Grundsatz »in dubio pro reo« (im Zweifel für den Angeklagten) und das Schwert für die notwendige Härte im Falle einer Verurteilung. Ich habe mich allerdings schon immer gefragt, warum man überhaupt jemals darauf gekommen ist, ihr eine Augenbinde aufzusetzen, wenn sie in der Hand ein Schwert hält. Das könnte doch sehr gefährlich werden! Und wie soll sie die Waage ablesen können, wenn sie blind ist? Auf jeden Fall möchte ich mich darauf verlassen können, dass sie sehen und eine ganzheitliche Betrachtung der Situation durchführen kann.

Bis zur Restschuldbefreiung vergehen sechs Jahre, in denen ein Insolvenzschuldner nicht nur gesellschaftlich mit dem Makel des Scheiterns gebrandmarkt ist. In diese Zeit fallen Pfändungen bis zum Existenzminimum und ein SCHUFA-Eintrag, der die Teilnahme am normalen Wirtschaftsleben sehr erschwert, ja unmöglich macht. Es gibt Selbstauskünfte bei Wohnungsanmietungen, die nach einer Insolvenz, aber nicht nach einer Straftat fragen. Ein Konto ist schwer zu bekommen und potenzielle Arbeitgeber schrecken vor den Pfändungen des Mitarbeiters zurück – alles Symptome unsichtbarer Einschränkungen, die das Leben begleiten. Die Frage drängt sich auf, ob ein Insolvenzschuldner besser oder schlechter gestellt ist als ein Straftäter. Die genaue Betrachtung einiger Straftaten wirft hier viele Fragen auf. Laut Paragraf 17 der Insolvenzordnung ist der allgemeine Eröffnungsgrund für ein Insolvenzverfahren die Zahlungsunfähigkeit. Wird der Antrag vom Schuldner selbst gestellt, gibt er öffentlich an, dass er nicht in der Lage ist, seine fälligen Zahlungspflichten zu erfüllen.

Nun, es gibt viele Gründe, warum ein Schuldner in diese Situation geraten ist. Er könnte zum Beispiel als Selbstständiger krank geworden sein; sein Betrieb funktioniert ohne seine Arbeitskraft und seinen persönlichen Einsatz nicht ausreichend und er hat neben diesem Verdienstausfall hohe Kosten für Zusatztherapien zu leisten. Ein anderer Grund könnte sein, dass er eine »ehrliche« Fehlentscheidung getroffen hat, die dazu führt, dass seine persönliche Wirtschaftslage ins Wanken kommt. Es könnte sein, dass er Opfer von Betrügereien geworden ist und dass die Verhandlungszeiträume für Gerichtsfälle sich ewig lange hinziehen. Bevor schlussendlich entschieden worden ist, ob er im Recht ist und ob er Schadensersatz bekommt, ist er inzwischen schon zahlungsunfähig geworden. Es könnte sein, dass er Bürgschaften für jemand anderen abgegeben hat, der seinen Zahlungsverpflichtungen nicht nachkommt. Es könnte sein, dass viele seiner kleineren Kunden aufgrund der Marktlage insolvent geworden sind und dass er dadurch aus dem Gläubigerdasein ins Schuldnerdasein rutscht. Es könnte sein, dass er an mangelndem Selbstwertgefühl leidet, sich über Materielles identifiziert und durch seine Konsumsucht in die Schieflage gerät. Es könnte aber auch sein, dass er ein Krimineller ist, der bewusst Insolvenzen herbeiführt, um sich persönlich darüber zu bereichern. Gewöhnlich findet im letzten Fall in der Justiz das Strafgesetzbuch Anwendung.

Schaut man das Strafgesetzbuch genauer an, so findet man weitere Regelungen, die für den redlichen Schuldner im ersten Moment recht interessant erscheinen könnten. Als Rechtslaie finde ich jedenfalls Paragraf 236 Strafgesetzbuch sehr interessant:

»§ 263 StGB Betrug
(1) Wer in der Absicht, sich oder einem Dritten einen rechtswidrigen Vermögensvorteil zu verschaffen, das Vermögen eines anderen dadurch beschädigt, dass er durch Vorspiegelung falscher oder durch Entstellung oder Unterdrückung wahrer Tatsachen einen Irrtum erregt oder unterhält, wird mit Freiheitsstrafe bis zu fünf Jahren oder mit Geldstrafe bestraft.

(2) Der Versuch ist strafbar.

(3) In besonders schweren Fällen ist die Strafe Freiheitsstrafe von sechs Monaten bis zu zehn Jahren. Ein besonders schwerer Fall liegt in der Regel vor, wenn der Täter

1. gewerbsmäßig oder als Mitglied einer Bande handelt, die sich zur fortgesetzten Begehung von Urkundenfälschung oder Betrug verbunden hat,

2. einen Vermögensverlust großen Ausmaßes herbeiführt oder in der Absicht handelt, durch die fortgesetzte Begehung von Betrug eine große Zahl von Menschen in die Gefahr des Verlustes von Vermögenswerten zu bringen,

3. eine andere Person in wirtschaftliche Not bringt,

4. seine Befugnisse oder seine Stellung als Amtsträger missbraucht oder

5. einen Versicherungsfall vortäuscht, nachdem er oder ein anderer zu diesem Zweck eine Sache von bedeutendem Wert in Brand gesetzt oder durch eine Brandlegung ganz oder teil-

weise zerstört oder ein Schiff zum Sinken oder Stranden gebracht hat.

(4) § 243 Abs. 2 sowie die §§ 247 und 248 a gelten entsprechend.

(5) Mit Freiheitsstrafe von einem Jahr bis zu zehn Jahren, in minder schweren Fällen mit Freiheitsstrafe von sechs Monaten bis zu fünf Jahren wird bestraft, wer den Betrug als Mitglied einer Bande, die sich zur fortgesetzten Begehung von Straftaten nach den §§ 263 bis 264 oder 267 bis 269 verbunden hat, gewerbsmäßig begeht.

(6) Das Gericht kann Führungsaufsicht anordnen (§ 68 Abs. 1).

(7) Die §§ 43 a und 73 d sind anzuwenden, wenn der Täter als Mitglied einer Bande handelt, die sich zur fortgesetzten Begehung von Straftaten nach den §§ 263 bis 264 oder 267 bis 269 verbunden hat. § 73 d ist auch dann anzuwenden, wenn der Täter gewerbsmäßig handelt.«

(Quelle: http://bundesrecht.juris.de/stgb/)

Ich verstehe das so: Wenn ein Mensch durch Betrug (also nicht durch eine Insolvenz ohne Straftaten) einen Vermögensverlust großen Ausmaßes herbeiführt oder in der Absicht handelt, durch die fortgesetzte Begehung von Betrug eine große Zahl von Menschen in die Gefahr des Verlustes von Vermögenswerten zu bringen, oder wenn ein Mensch eine andere Person in wirtschaftliche Not bringt, dann muss er laut Paragraf 263 Absatz 3 mit einer Freiheitsstrafe von sechs Monaten bis zu zehn Jahren rechnen. Und in minder schweren Fällen kann die Freiheitsstrafe sechs Monate bis zu fünf Jahre betragen. Für die Straffindung in solchen Fällen spielt der Tathergang eine wesentliche Rolle. Dabei wird laut Paragraf 46 StGB Folgendes berücksichtigt:

»§ 46 StGB Grundsätze der Strafzumessung
(1) Die Schuld des Täters ist Grundlage für die Zumessung der Strafe. Die Wirkungen, die von der Strafe für das künftige Leben des Täters in der Gesellschaft zu erwarten sind, sind zu berücksichtigen.
(2) Bei der Zumessung wägt das Gericht die Umstände, die für und gegen den Täter sprechen, gegeneinander ab. Dabei kommen namentlich in Betracht:
die Beweggründe und die Ziele des Täters,
die Gesinnung, die aus der Tat spricht, und der bei der Tat aufgewendete Wille,
das Maß der Pflichtwidrigkeit,
die Art der Ausführung und die verschuldeten Auswirkungen der Tat,
das Vorleben des Täters, seine persönlichen und wirtschaftlichen Verhältnisse sowie
sein Verhalten nach der Tat, besonders sein Bemühen, den Schaden wiedergutzumachen, sowie das Bemühen des Täters, einen Ausgleich mit dem Verletzten zu erreichen.
(3) Umstände, die schon Merkmale des gesetzlichen Tatbestandes sind, dürfen nicht berücksichtigt werden.«
(Quelle: http://bundesrecht.juris.de/stgb/)

Also, wenn ich das richtig verstehe, dann heißt das: Welche Strafe adäquat, also angemessen für die Tat ist, wird nach einer Gesamtwürdigung der Tat und der Persönlichkeit des Täters entschieden. Bei der Entscheidung ist auch das Bemühen des Täters, den durch die Tat verursachten Schaden wiedergutzumachen, zu berücksichtigen. Unter bestimmten Umständen kann eine Strafe auch zur Bewährung ausgesetzt werden. Der Widerruf der Bewährung droht, wenn der Verurteilte in der Bewährungszeit eine neue Straftat begeht oder gegen die Bewährungsauflagen verstößt. Würde eine Berücksichtigung des Tatherganges bei einem Betrugsfall stattfinden, bei dem der Täter nicht vorbestraft ist, so würde das Strafmaß in vielen Fällen vermutlich weit unter sechs Jahren liegen. Möglich ist, dass er sogar Bewährung von bis zu zwei Jahren bekommt.

Überhaupt ist die Betrachtung der Bewährung für mich als Rechtslaie in diesem Falle sehr aufschlussreich, wenn man es mit dem regulären Verlauf eines Insolvenzverfahrens vergleicht. In der Insolvenz gehen das gesamte Vermögen und alle Wertgegenstände für den Schuldner verloren.

Es wird dann ein Insolvenzverwalter vom Gericht bestellt. Der Insolvenzverwalter ist ein Organ zur Durchführung eines Insolvenzverfahrens. Dies kann nur eine natürliche Person sein. Aufgabe des Insolvenzverwalters ist es, die Insolvenzmasse in Besitz zu nehmen, sie zu verwalten und über sie zu verfügen. Der Insolvenzverwalter wirkt bei der Feststellung der Forderungen der Insolvenzgläubiger mit und führt die Verteilung der Insolvenzmasse an die Gläubiger durch. Der Schuldner hat eine Auskunftspflicht gegenüber dem Insolvenzverwalter. Sollte es erforderlich erscheinen, kann der Insolvenzverwalter erhebliche Einschränkungen für den Schuldner bis hin zur Postsperre beim Gericht beantragen, bei der die für den Schuldner bestimmte Post – auch private Post – nicht ihm, sondern dem Insolvenzverwalter zugestellt wird. Wenn der Schuldner sich wohlverhalten hat, wird nach Ablauf von sechs Jahren die Restschuldbefreiung vom Insolvenzverwalter vorgeschlagen und vom Gericht erteilt.

Da das Hauptaugenmerk des Insolvenzverwalters auf der Befriedigung der Geldforderungen der Gläubiger liegt und somit auf der Prüfung der Obliegenheitspflichten des Schuldners, kann er dem Schuldner keine große Hilfe sein. Der Schuldner hat mit einem SCHUFA-Eintrag und mit den Vorurteilen der Gesellschaft erhebliche Hürden zu überwinden, wenn er am normalen Leben teilnehmen will. Wird hingegen in Deutschland eine Straftat begangen und eine Strafe zur Bewährung ausgesetzt, wird ein Bewährungshelfer vom Gericht bestellt. Sein

Job ist es, einen verurteilten Straftäter zu beaufsichtigen. Er soll ihm aber auch dabei helfen, mit seinem Leben zurechtzukommen. Es gibt Resozialisierungsmaßnahmen für den ehemaligen Straftäter, mit denen erreicht werden soll, dass er nicht wieder straffällig wird und er sich möglichst schnell wieder in der Gesellschaft zurechtfindet. In der Insolvenz gibt es keine Resozialisierungsmaßnahmen und auch keine gesetzliche Begleitung in eigener Sache wie bei der Bewährungsphase. Offensichtlich meint der Gesetzgeber, dass eine Insolvenz weniger emotional belastend sei als Betrug und ein insolventer Mensch keine Unterstützung brauche.

Bei der Ungleichheit der Behandlung zur Wiedereingliederung von Kriminellen und von Insolvenzschuldnern ist nicht nur der Schuldner benachteiligt. Je länger der Schuldner braucht, um auf eigene Füßen zu kommen, desto länger wartet der Gläubiger auf sein Geld. Natürlich bekommt ein Insolvenzschuldner keine Freiheitsstrafe. Aber er kann sich dennoch nicht frei im Wirtschaftsverkehr bewegen. Wenn man Schulden hat, entscheiden andere über die Rechte und die Freiheit des Schuldners. Was aber ist mit dem redlichen Schuldner? Wenigstens die Freiheit zu arbeiten sollte man dem Menschen geben. Das ist aber gar nicht so einfach, wie man sich das vielleicht vorstellt!

Oft ist ein Eintrag in den Kredit-Auskunfteien Jahre über den Abschluss des Insolvenzverfahrens hinaus verzeichnet. Das verhindert, dass der Betroffene endlich neu durchstarten kann. Außerdem ist seine Familie ja auch durch seine Einschränkungen enorm betroffen. Wäre er auf Bewährung, würde das vielleicht anders aussehen. Da Justitia die gesetzten Gesetze sieht und in jedem Fall einzeln urteilt, richtet sie wahrscheinlich ihr Augenmerk nicht auf einen Vergleich der verschiedenen Gesetze. Nehmen wir ihr die Augenbinde ab – vielleicht legt sie irgendwann das Strafgesetzbuch und die Insolvenzordnung in ihre Waagschalen und entscheidet darüber, ob eine Straftat nun anders als eine Insolvenz zu sehen ist. Solch ein Urteil würde mich brennend interessieren.

Es gibt überall unglaublich viele Vorurteile. Vorurteile sind die Bremser der Innovation. Sie sind Hindernisse für das gegenseitige Verständnis und sie sind auch noch gefährlich, denn wer weiß, ob wir uns nicht irgendwann selbst in der Situation befinden, die wir so sehr ablehnen. Jeder Gläubiger kann zum Beispiel leicht durch die nicht bezahlten Forderungen in die Insolvenz rutschen. Wenn es um das Thema Insolvenz geht, stoßen wir auf viele Vorurteile. Die Gesellschaft sagt zum Beispiel: »Schon wieder einer, der seine Firma gegen die Wand fährt.« Oder: »Schon wieder einer, der über seine Verhältnisse lebt.« Oder: »Das ist bestimmt ein Krimineller, dem es egal ist, dass er Schulden macht.« Solche Vorurteile halten sich hartnäckig, obwohl die Zahlen belegen, dass eine Insolvenz in den meisten Fällen anders zustande kommt.

Laut den neuesten Zahlen des Statistischen Bundesamtes sind die Gründe für die Überschuldung privater Personen und Verbraucherinsolvenzen wie folgt: Arbeitslosigkeit 29,3 %, Trennung/Scheidung/Tod des Partners/der Partnerin 13,5 %, Erkrankung/Sucht/Unfall 9,8 %, Gescheiterte Selbstständigkeit 9,5 %, unwirtschaftliche Haushaltsführung 8,6 %, gescheiterte Immobilienfinanzierung 4 % (Quelle: Überschuldung privater Personen und Verbraucherinsolvenzen, Begleitmaterial zur Pressekonferenz 21. Oktober 2008 in Berlin, Statistisches Bundesamt). Schon Albert Einstein sagte: »Es ist schwieriger, eine vorgefasste Meinung zu zertrümmern als ein Atom.«

Ja, Vorurteile sind sehr schwer aus der Welt zu schaffen. Man stelle sich vor, ich würde immer wieder in einen Laden gehen und mir ein Kleid in meiner alten Größe 36 kaufen. Nun, nach den dazugewonnenen Insolvenzkilos sieht die Welt aber anders aus und selbst die Aussage »Ich hatte schon immer Größe 36« hilft mir nicht, wenn ich einfach nicht mehr diese Größe habe. Ich muss die Sache neu evaluieren und mit meinen Gedanken auch weitergehen – auch wenn es mir schwerfällt zuzugeben, dass ich nun anders aussehe. Vielleicht wäre es daher sinnvoll, wenn wir bei jedem Schuldner neu Augenmaß nehmen würden. Wir sollten ihn einzeln beurteilen und sehen, ob er sich redlich verhält, und seine Rechte entsprechend anpassen, anstatt stur darauf zu beharren, dass Schuldner immer schon schlecht waren.

Die Aufgabe eines Richters ist es, ein Urteil zu fällen. Er urteilt, verurteilt, aber vorurteilt nicht. Ich habe mich schon immer gefragt, ob ein Richter richtet. Sprachlich wäre das superspannend, denn wenn ein Richter richtet, so heißt »richten« auch: etwas Krummes geradebiegen, mit einem Gegenstand, zum Beispiel einer Waffe, auf jemanden zielen, etwas in Ordnung bringen, »etwas wieder geradebiegen«, etwas zubereiten. Vielleicht richtet der Richter das mit den Vorurteilen auch noch. Haben wir aber ein Gesetz, das ihm das erlaubt? Ich denke, ja, denn im Grundgesetz heißt es im Artikel 1 Absatz 1: »Die Würde des Menschen ist unantastbar. Sie zu achten und zu schützen ist Verpflichtung aller staatlichen Gewalt.« Und im Artikel 2 Absatz 2 lesen wir: »Die Freiheit der Person ist unverletzlich«, und im Artikel 3 Absatz 1 »Alle Menschen sind vor dem Gesetz gleich.« Aber warum heißt es dann in Paragraf 178 InsO Absatz 1: »Eine Forderung gilt als festgestellt, soweit gegen sie im Prüfungstermin oder im schriftlichen Verfahren (§ 177) ein Widerspruch weder vom Insolvenzverwalter noch von einem Insolvenzgläubiger erhoben wird oder soweit ein erhobener Widerspruch beseitigt ist. Ein Widerspruch des Schuldners steht der Feststellung der Forderung nicht entgegen.«? Ist es nicht wichtig, dass falsche Forderungen auch vom mitwirkenden redlichen Schuldner aufgedeckt werden? Man erwartet, dass ein Schuldner die Verantwortung für die Mitarbeit in seinem eigenen Verfahren übernimmt. Sollte der Schuldner sich dann nicht etwa für sein Verfahren interessieren und auch wirklich mitdenken dürfen?

Was richtet ein Gericht an, wo zwar Recht gesprochen wird, aber dem Schuldner keine Rechte zugesprochen werden? Ich denke, dass man sicherlich eines damit erreicht: dass der Schuldner sich machtlos fühlt, und jemand, der machtlos ist, macht nichts! Ich fühlte mich auf jeden Fall machtlos, als die sechs Jahre der Wohlverhaltensperiode zu Ende gingen und ich feststellen musste, dass der entscheidende Schlussbericht noch nicht eingereicht war, ich also noch voll im Insolvenzverfahren steckte. Ich hatte immer gedacht, dass die Frist von sechs Jahren eben sechs Jahre dauert. Obwohl die Abtretungserklärung abgelaufen war, hieß es für mich nach Paragraf 35 InsO: »Das Insolvenzverfahren erfasst das gesamte Vermögen, das dem Schuldner zur Zeit der Eröffnung des Verfahrens gehört und das er während des Verfahrens erlangt (Insolvenzmasse).« Das Gesetz sah also nicht vor, dass man noch im Verfahren steckt, wenn die Restschuldbefreiung läuft. Die Restschuldbefreiung wurde in meinem Fall erst am 26. August 2009 angekündigt, also acht Wochen nach Ablauf der sechs Jahre, und dann lief noch eine Frist, innerhalb derer die Gläubiger Versagungsanträge stellen konnten. Erst im September 2009 – merkwürdigerweise am 11. September (dem Datum, das acht Jahre zuvor den Untergang der Firma ins Rollen brachte) – kam dann endlich die Restschuldbefreiung. Da es jedoch bis spät in den Oktober 2009 dauern würde, bis der Schlusstermin stattgefunden hatte, war nicht klar, ob ich auch noch nach Erteilung der Restschuldbefreiung verpflichtet war, weiter Gelder aus meinen Verdiensten abzugeben. Alleine der Gedanke, dass man restschuldbefreit ist und trotzdem zahlt, ging mir nicht in den Kopf hinein. Wer würde in einem solchen Fall das Geld denn bekommen? Irgendwann wurde eine Freigabe des Insolvenzverwalters beim Gericht eingereicht und dann war klar, dass ich frei bin. Später im Jahr 2009 erfolgte eine wichtige Entscheidung des Bundesgerichtshofes. Danach musste niemand nach Ablauf der sechs Jahre mehr bangen, dass er weiterhin bezahlen musste. Nun war endgültig auch höchstrichterlich entschieden, dass sechs Jahre eben sechs Jahre sind.

Auf dem Boden im Innenhof des Bundesgerichtshofs in Karlsruhe stehen, in einem Kreis gesetzt, die folgenden Wörter »LEX INJUSTA NON EST«, das heißt: »Ein ungerechtes Gesetz gibt es nicht.« Vielleicht ist aber die Kreisform nicht ganz zufällig, denn wenn man einfach immer weiterliest, könnte man auch lesen: LEX INJUSTA NON EST LEX, was heißt: »Ein ungerechtes Gesetz ist kein Gesetz« (siehe auch *www.bundesgerichtshof.de*) Wenn aber ein Gesetz nicht vorsieht, dass man noch nach Ablauf der sechs Jahre in einem Insolvenzverfahren stecken kann, wie es manchmal eben doch der Fall ist, kann es nicht wirklich gerecht sein, denn es liefert gar keine Regelungen für diese Situation. Und wenn ein Gesetz es nicht erlaubt, dass der Schuldner erst einmal als unschuldig angesehen wird, bis seine Schuld bewiesen ist, kann es nicht gerecht sein. Es ist auch nicht gerecht, dass in vielen Verfahren die Gläubiger aus genau zwei Gründen kein Geld sehen – zum einen, weil dem Schuldner ein Neustart ordentlich erschwert wird, und zum anderen, weil die Verwertung und Verwaltung von Insolvenzen so viel Geld auffrisst, dass nichts für die Gläubiger übrig bleibt. Laut Professor Dr. Dr. Hans Haarmeyer, Professor für Wirtschafts- und Arbeitsrecht, ehemaliger Richter und Vorstand der Gläubigerschutzvereinigung, »werden im Durchschnitt mehr als zwei Drittel des Vermögens eines insolventen Unternehmens für dessen Verwertung und Verwaltung verwendet« (Quelle: Süddeutsche Zeitung vom 9. Mai 2009). Kein Wunder, dass es oft den Anschein hat, die Schuldner würden nichts für ihre Gläubiger tun. Es ist keinem Verwalter zu verdenken, dass er unternehmerisch denkt. Wäre dem nicht so, würde man sich zu Recht die Frage stellen, was ihn dazu befähigt, ein Unternehmen in der Insolvenz wirtschaftlich zu beurteilen. Aber genau dieses unternehmerische Denken führt dazu, dass er natürlich viel Zeit für die Insolvenzverfahren aufwendet, die viel Geld bringen, und entsprechend wenig Zeit für jene Insolvenzen, die wenig Geld bringen. Solange die Vergütungsregelungen für die Verwalter so bleiben, wie sie sind, wird sich an dieser Tatsache lange nichts ändern.

Es ist auch interessant, wie unterschiedlich Insolvenzen in anderen Ländern behandelt werden. Man muss nicht alles übernehmen, was im Ausland gemacht wird, aber wir dürfen doch voneinander lernen! Während in manch anderen Ländern die Entschuldungszeiten wesentlich kürzer sind – so dauert beispielsweise in Frankreich eine Insolvenz bis zu 18 Monate und in England wurde die Entschuldungszeit auf ein Jahr reduziert –, verharrte Deutschland lange Zeit auf dem Standpunkt, dass die Insolvenzzeit nicht verkürzt werden soll. Mit dem Hinweis, dass manche Menschen es unter diesen Umständen vorziehen, ihre Insolvenzen woanders durchzuführen, kommen wir hier nicht weiter. Könnte es sein, dass Unternehmer ihre wirtschaftliche Heimat deshalb im Ausland suchen, weil dort das Bild des Unternehmers und auch des gescheiterten Unternehmers ein anderes, positiveres ist und sie deshalb einen Neustart lieber dort wagen? Könnte es sein, dass die zweite Chance in einem anderen Land einfacher ist, weil ein gescheiterter Unternehmer dort nicht automatisch stigmatisiert wird? Wenn aber jemand nach der Insolvenz diesen Weg wählt, ist er Teil des sogenannten »Insolvenztourismus«. Dadurch entgeht uns hier in Deutschland nicht nur der wirtschaftliche Gewinn des Neustarts, wir haben auch nichts von den neuen Arbeitsplätzen. Und sicher hat der Unternehmer (sogar) aus seinen Fehlern gelernt. Es gibt viele Beispiele von namhaften Firmen in der internationalen Wirtschaft, die beim zweiten Mal noch erfolgreicher wurden als beim ersten Anlauf. Deutschland verzichtet auf diese Weise auf so manches Unternehmen, das Arbeitsplätze schafft, regionale Strukturen stärkt und Steuern bezahlt.

Auch potenzielle Existenzgründungen von innovativ denkenden Menschen in Deutschland kommen vielleicht deswegen erst gar nicht zustande, weil sie durch die geltenden Regeln für den Fall der Insolvenz abgeschreckt werden. Es kann nicht sein, dass gescheiterte Unternehmer nur unter erschwerten Bedingungen eine neue Chance bekommen und viel zu lange mit widrigen Verhältnisse kämpfen müssen – nur weil wir hier darauf bestehen, die Entschuldungszeit so lang wie möglich zu halten! Jetzt mag jeder sagen, eine ehemalige Insolventin könne doch wohl nicht verlangen, dass die Welt sich nach ihr richte. Sollte ein vernünftiger Mensch nicht immer versuchen, sich der Welt anzupassen, besonders wenn bei ihm einmal etwas schiefgegangen ist? Bedeutet aber Anpassung nicht, dass sich nichts ändert? Bedeutet Stillschweigen nicht auch, dass man sich seiner Pflicht entzieht, mit den Menschen und mit der Politik daran zu arbeiten, dass das Land, in dem man lebt, besser dasteht? Vielleicht ist es deshalb nicht unbedingt so schlecht, wenn eine Insolventin als unvernünftig bezeichnet wird, denn dann ist der Fortschritt noch möglich. Manchmal ist man eben nur innovativ, wenn etwas noch nicht gelungen ist. Thomas Alpha Edison wusste nach tausend Versuchen zunächst nur, wie es nicht geht, und doch erfand er die Glühbirne. Auch wenn man Insolvenz anmelden musste, ist etwas nicht gelungen. Das bedeutet aber nicht zwingend, dass es noch einmal nicht gelingt, wenn man das Gelernte umsetzt. Aber erst, wenn man etwas erlebt hat, sieht man, was geändert werden muss.

Da die Entschuldungszeit in England viel kürzer ist, hat man mich oft gefragt, warum ich nicht »vernünftig« gewesen und wieder nach England gezogen bin, um eine Insolvenz anzumelden. Ich wollte aber nun, wo es mir schlecht ging, nicht das Land verlassen, in dem ich gerne gelebt habe, als es mir gut ging. Und ich war und bin mir immer noch sicher: Es ist möglich, seinen Teil dazu beizutragen, dass es hier auch besser wird. Ich wollte mich der Sache auch stellen und für das, was ich gemacht habe, geradestehen. In meine alte Heimat flüchten und so tun, als ob ich nur die Rosinen auspicken kann – das bin ich nicht. Ich betrachte mich als Mitbürgerin. Das Wort »mit« ist hier auch wieder wichtig, denn ich kann auch daran »mit-«arbeiten, dass es besser wird.

Es freute mich aber sehr, als ich im Koalitionsvertrag der FDP und der CDU für die Regierungsperiode ab 2009 auf Seite 25 Folgendes lesen durfte: »Wir wollen Gründern nach einem Fehlstart eine zweite Chance eröffnen. Dazu wird die Zeit der Restschuldbefreiung auf drei Jahre halbiert. Der Pfändungsschutz für die private Altersvorsorge im Insolvenzfall verringert das Risiko der Altersarmut für Selbstständige deutlich. Wir werden deshalb die Pfändungsfreigrenzen für die Altersvorsorge Selbstständiger regelmäßig anpassen.« Vielleicht wird man doch gehört? Vielleicht beginnen sich die jahrelangen Bemühungen doch auszuzahlen!

Bisher wird offenbar kaum hinterfragt, warum man in anderen Ländern anders mit der Insolvenz umgeht. Deutschland muss sich aber endlich einem internationalen Vergleich stellen und sich anpassen. Es geht dabei nicht darum, Wege zu versperren, sondern voneinander zu lernen. Eine Kultur des Scheiterns und eine Unterstützung der Erneuerungskraft der Wirtschaft haben wir erst erreicht, wenn wir gute Bedingungen für einen Neustart nach der Insolvenz schaffen. Welche Bedingungen sind das? Wir müssen Vorurteile abbauen, wir müssen eine Möglichkeit der Vorsorge für später schaffen, damit die gescheiterten Unternehmer dem Staat nicht zur Last fallen, wir müssen dafür sorgen, dass der Neuanfang finanzierbar ist, eine vernünftige Pfändungsregelung finden und eine absehbare Entschuldungszeit einführen. Wenn man einem Menschen sagt, er soll doppelt so viele Stunden in der Woche arbeiten und er bekäme nur das gleiche Geld, würde er das nicht lange machen. Manchmal formt das Gesetz die Menschen, statt dass die Menschen das Gesetz formen. Warum ist zum Beispiel bislang niemand auf die Idee gekommen, den Schuldner prozentual zu pfänden? Vielleicht könnte man ihm beispielsweise 60 Prozent von allem lassen, was er verdient, und 40 Prozent für die Gläubiger nehmen. Das hätte in meinen Augen viele Vorteile. Erstens wäre der Anreiz, etwas zu tun, viel größer. Welcher Mensch arbeitet zum Beispiel 60 Stunden, wenn er das gleiche Geld für 40 Stunden bekommt? Welcher Mensch nimmt einen Nebenjob an, wenn er dadurch nicht über mehr Geld verfügen kann? Im Moment ist es aber genau so für den Schuldner. Ganz egal, wie viel er arbeitet und wie viele Arbeitsstellen er annimmt, er hat stets das gleiche Geld, da die Pfändungsgrenze sich dadurch nicht ändert. Zweitens würde der Schuldner eine vernünftige Vorsorge für seine Rente treffen können und das, was er verloren hat, wieder aufbauen. Und wenn ein Schuldner dafür Sorge trägt, dass er nicht irgendwann vom Staat abhängig wird, spart er uns Steuerzahlern doch eine Menge Geld! Je mehr der Schuldner macht, desto mehr würde er auch persönlich davon profitieren. Je mehr er macht, desto mehr profitiert dann auch der Gläubiger. Und der Profit des Gläubigers sollte in einem Insolvenzverfahren eigentlich eine zentrale Stellung einnehmen – oder etwa nicht?

In meinem eigenen Fall staunte ich nicht schlecht, als ich den Schlussbericht sehen wollte. Nachdem ich in den sechs Jahren meiner Wohlverhaltensperiode alles dafür getan hatte, um für die Insolvenzmasse möglichst viel Geld zu erwirtschaften, interessierte es mich einfach, wie die Sache ausgegangen ist. Ich bekam den Schlussbericht vom Gericht geschickt und das Gericht stellte mir dafür 12,50 Euro Schreibgebühren in Rechnung. Eigentlich bezahle ich ja das Verfahren, denn aus meiner Insolvenzmasse werden die Gerichtsgebühren und die Insolvenzverwaltergebühren bestritten. Und in meinem Fall war das auch nicht gerade wenig Geld. Ich hatte sogar mehr abgegeben, als das Gesetz verlangt, denn ich wollte, dass meine Gläubiger davon profitieren. Wenn ich mich aber als Schuldnerin/Insolventin dafür interessiere, was genau gemacht worden ist, muss ich noch einmal Geld dafür entrichten. Ich dachte, dass ich als Verfahrensbeteiligte an den Informationen beteiligt werde! Sollte ein Schuldner nicht regelmäßig informiert werden? Er könnte zum Beispiel die Halbjahresberichte des Verwalters erhalten und vielleicht auch regelmäßig erfahren, wie viel er mittlerweile für die Insolvenzmasse erwirtschaftet hat. Ich hatte im Verlauf des Verfahrens weder Berichte gesehen, noch habe ich regelmäßig Aufstellungen bekommen, woraus ich hätte ersehen können, wie viel Geld ich für die Masse erwirtschaftet hatte. Wie wollen wir von Schuldnern erwarten, dass sie mitmachen, wenn wir ihnen nicht einmal das Gerüst dafür liefern, sie also zumindest an den gesamten Informationen zum eigenen Verfahren beteiligen? Natürlich kann man eine Akteneinsicht beantragen, aber wenn man Zehntausende von Euro für eine Insolvenz aus der eigenen Insolvenzmasse bezahlt hat, wäre es da nicht angebracht, *alle* Informationen zu erhalten? Oder geht das Gesetz davon aus, dass der Schuldner nichts erwirtschaften wird und deshalb nicht berechtigt ist zu wissen, was in allen Verfahrens- und Verwaltungsschritten passiert? Ich hatte sechs Jahre lang alles dafür getan, dass die Gläubiger Geld bekommen. In der Insolvenzmasse steckten Gelder aus dem Erlös meiner Eigentumswohnung, aus dem Rückkaufswert meiner Lebensversicherungen und meiner privaten Altersvorsorge, aus dem Geld, das ich mit meiner Firma zwischen Anmeldung der Insolvenz und Schließung des Betriebes durch den Insolvenzverwalter erwirtschaftet hatte, aus der Verwertung der Vermögensgegenstände der Firma und aus meinen Einkünften von sechs Jahren. Den Festsetzungsbeschluss der Insolvenzverwaltergebühren des Gerichts bekam ich, ohne dass ich Schreibgebühren bezahlen musste. Gemäß Paragraf 64 muss dieser Beschluss auch dem Schuldner zugestellt werden. Laut diesem Beschluss des Gerichtes belief sich der Wert der Insolvenzmasse, aus dem sich die Insolvenzverwaltervergütung ergab, auf 184.993,56 Euro. Dennoch sah es so aus, dass die bevorzugt behandelten Masseverbindlichkeiten, die sich aus dem Mietverhältnis meiner Büroräume, aus dem Gehalt einer schwangeren Mitarbeiterin, aus Gerichtsgebühren und aus Verwaltergebühren ergaben, so hoch waren, dass meine Gläubiger nur wenig von diesem Geld sehen würden. Nach all der Mühe, die ich mir in diesen Jahren gemacht hatte, machte mich das Ergebnis nicht nur traurig. Ich stellte mir auch die Frage, was ein Schuldner tun muss, damit seine Gläubiger überhaupt Geld sehen. Kein Wunder, dass viele Gläubiger erst gar nicht damit rechnen, jemals etwas von dem Schuldner zu bekommen.

Dann stellt sich die Frage, was die Gesellschaft mit diesem Thema machen möchte. Gehen wir davon aus, dass die Gesellschaft ein Zusammenschluss von Menschen ist, die im gleichen Staat zusammenleben, so könnte man sie mit einer Familie gleichsetzen, die gewöhnlich zusammenlebt. Was wünscht eine Familie sich von den Familienmitgliedern? Ich nehme an, sie wünscht sich, dass man versucht, einander zu verstehen. Sie wünscht sich vielleicht auch, dass, sollte jemand etwas falsch gemacht hat, man ihm verzeiht. Sie wünscht sich sicherlich auch einen ehrlichen Umgang miteinander. Sie könnte sich auch wünschen, dass alle Familienmitglieder sich für das Wohlergehen der ganzen Familie einsetzen. Was macht eine Familie, wenn ein Mitglied der Familie hinfällt? Sie hebt es auf und versucht, es beim Wiederaufstehen und Weitergehen zu unterstützen. Damit meine ich nicht, dass sie ihm Geld gibt. Mein Vater erzählte uns früher immer, dass wir aufeinander aufpassen sollten und dass wir nur so stark wie das schwächste Kind sind. Also sollten wir auch mit dafür sorgen, dass das schwächste Kind wieder stärker wird. So stelle ich mir auch eine Gesellschaft vor. Ich kann mir vorstellen, dass eine Gesellschaft sich durch die Verluste einer Insolvenz geschwächt fühlt. Allerdings würde sie sich sicherlich noch geschwächter fühlen, wenn diejenigen, die gefallen sind, liegen bleiben und ihr daher später auf der Tasche liegen – weil es ihnen sehr schwer gemacht wird, sich selbst zu versorgen.

Würde eine Gesellschaft sich nicht betrogen fühlen, wenn ein Insolventer nicht ehrlich zugibt, dass er insolvent ist? Und sind wir als Gesellschaft denn nicht nur so stark wie das schwächste

Mitglied unserer Gesellschaft? Wenn wir aber erwarten, dass das schwächste Mitglied auch etwas dafür tut, um wieder stärker zu werden – wäre es dann nicht sinnvoll, es von jeglichen Tabus oder Stigmata zu befreien, damit es diesem Menschen nicht noch schwerer fällt, wieder aufzustehen? Wenn wir glauben, dass wir aus unseren Fehlern lernen können, müssen wir auch daran glauben, dass andere Mitglieder unserer Gesellschaft ebenso dazu in der Lage sind.

Wirtschaftlich gesehen kann unsere Gesellschaft sehr davon profitieren, wenn insolvente Menschen so schnell wie möglich wieder in Bewegung kommen. Wenn Menschen über Jahre hinweg am Existenzminimum gehalten werden, so bleiben ganze Familien am Existenzminimum. Es kommt kein Geld in Umlauf und somit wird die Kaufkraft eines Landes geschwächt. Vielleicht ist das ein Grund dafür, dass man im Ausland die Entschuldungszeiten kürzt. Wenn ein Mensch nur unter erschwerten Bedingungen arbeiten kann, zahlt er nur wenige Steuern, was den Bundeshaushalt letztendlich belastet. Wenn es sich um eine unternehmerische Insolvenz handelt, gehen uns einfach Arbeitsplätze verloren, da dem Unternehmer die zweite Chance oft so erschwert wird, dass er zu spät oder gar nicht mehr auf die Füße kommt. Außerdem sollte man vielleicht einmal untersuchen, warum so viele Menschen in die Insolvenz gehen. Nicht nur die Gründe wie zum Beispiel Arbeitslosigkeit, Scheidung, Krankheit, Todesfälle, unternehmerische Fehler, unwirtschaftliches Leben, schlechte Immobilien sind wichtig. Man muss sich auch die Arbeitsverhältnisse einmal genauer ansehen. Vielleicht belasten wir mit den sehr hohen Lohnnebenkosten die Arbeitnehmer hierzulande so sehr, dass sie mit ihren Nettogehältern einfach nicht mehr zurechtkommen. Die gleichen hohen Lohnnebenkosten belasten auch die Betriebe so sehr, dass sie nicht in der Lage sind, vernünftige Reserven zu bilden. Vielleicht wäre die Senkung der Lohnnebenkosten ein viel besseres Konjunkturpaket als die berühmte Abwrackprämie gewesen, die ja nur eine Branche begünstigte und von der auch nur diejenigen Menschen profitierten, die sich überhaupt ein Auto leisten konnten. Vielleicht ist es überhaupt an der Zeit, die Insolvenzordnung endlich nicht nur als Rechts-, sondern auch als Wirtschafts- und Gesellschaftswerk zu sehen.

Vielleicht nutzen wir dann die Erneuerungskraft, die aus dem Umsetzen von Gelerntem entstehen kann. Vielleicht geben wir den Menschen einfach eine echte zweite Chance, bei der sie beweisen können, was alles in ihnen steckt. Das käme unserer Gesellschaft und unserer Wirtschaft wirklich zugute.

Licht im Labyrinth

In den Jahren der Insolvenz hatte ich oft das Gefühl, in einem Labyrinth zu stecken, in dem ich meinen Weg erarbeiten musste. Im Labyrinth des Scheiterns gibt es immer Windungen und Abzweigungen, die einem das Gefühl geben, dass alles zu Ende geht. Und dann schlägt der Weg eine andere Richtung ein, eine ganz andere, als vorhersehbar war. Und man entdeckt, dass es weitergeht, obwohl der Weg nicht mit Logik zu erfassen und zu planen ist.

Es geht trotzdem immer weiter. Die Wände, die scheinbar den Weg versperren, dürfen uns nicht durcheinanderbringen. Der Weg ist verworren und verwirrend. Ohne den Faden der Ariadne, der in der Mythologie Theseus aus dem Labyrinth heraushalf, ist der Weg, der durch die vielen Biegungen der Gesetzgebung und durch die Hindernisse der Startbedingungen erschwert wird, nicht leicht zu finden. Mitten im Labyrinth scheint es uns so, als ob alle Wege versperrt seien. Man trifft dort, um im Bild zu bleiben, seinen persönlichen Minotaurus – eine beängstigende Ungestalt, die uns verzweifeln und alle Ängste aufkommen lässt. Aber wenn es gelingt, dieses Monster der Angst zu überwinden, darauf zu vertrauen, dass es irgendwann gut werden wird, dann findet man den Weg nach draußen und darf einen Neuanfang wagen. Und weil der Weg so beschwerlich war, ist der Neuanfang oft ganz anders als der Anfang, den man ohne diese Erfahrung gemacht hätte. Vielleicht ist das der Grund, warum ein Labyrinth ein Symbol für die Gestaltung des eigenen Schicksals ist. Allerdings beruht dies auf dem Glauben, dass irgendwann auf dem Weg klar wird, wie der Neuanfang sein wird. Die falschen Wege, die wir in einem Irrgarten gehen, zeigen uns, wo der persönliche Weg *nicht* ist, sodass wir den richtigen Weg finden können. So empfinde ich meine Zeit in der Insolvenz – ein scheinbar unendliches Labyrinth mit vielen versperrten Wegen. Durch das Irren und Suchen habe ich herausgefunden, wo mein eigentlicher Weg liegt.

Wenn ich auf mein bisheriges Leben zurückschaue, so war mein Weg nicht immer der leichte Weg. Es gab viele Verzweigungen in meinem persönlichen Labyrinth. Als Kind hatte ich starkes Asthma und war oft wochenlang nicht in der Schule. Ich bin mit zwölf Jahren von einem Auto angefahren worden und brach mir mein linkes Bein. Ich lag lange auf der Notaufnahme, bevor man mich operierte. Als der Gips angelegt wurde, war das Bein schon so angeschwollen, dass es ein paar Tage später noch einmal operiert werden musste. Die Knochen glitten nach dem Abschwellen unglücklich wieder zusammen. Mit meiner Familie fuhren wir in Urlaub, als ich noch auf Krücken ging. Ich rutsche aus und brach mir meinen linken Arm. Aber irgendwann war das Asthma weg und nach den Unfällen ging ich wieder zur Schule und so schaffte ich es, die Schule zu beenden. Später, mit 19 Jahren, hatte ich einen Autounfall. Man musste mich aus dem Autowrack herausschneiden. Mein rechter Oberschenkelknochen war gebrochen und ragte außerhalb des Körpers heraus. Ich bekam eine Bluttransfusion und man versorgte mein Bein. Nach einer kurzen Zeit wurde das Bein erneut operiert und es wurde mir ein langer Marknagel im Oberschenkelknochen eingesetzt. Ich musste sehr lange mit Krücken gehen, und das mitten im Studium. Aber irgendwann ging ich wieder normal, ohne Hilfe. Dann, mit 21 Jahren, rutsche ich im Schnee aus, versuchte meinen Oberschenkel zu schützen und brach mein rechtes Wadenbein. Ich war dann wieder auf Krücken, und das im letzten Jahr des Studiums. Damals habe ich mich oft gefragt, warum ich mir schon wieder etwas brach und warum mir schon wieder Hindernisse in dem Weg gelegt worden waren. Jedes Mal, wenn ich wieder neu gehen lernen musste, erfuhr ich, dass neue Schritte wehtun. Ich konzentrierte mich aber stets auf den nächsten Schritt und irgendwann war ich dann wieder zu Hause. Ich hatte es geschafft, das Ziel zu erreichen, indem ich nur den nächsten Schritt sah. Ich dachte überhaupt nicht an das große Ziel, sondern nur an die kleinen Erfolge, die mir mit jedem neuen Schritt geschenkt wurden. Jedes Mal, wenn ich irgendwo ankam, staunte ich dann über den Weg, den ich zurückgelegt hatte – einen Weg, der mir unmöglich erschienen wäre, wenn ich beim ersten schmerzhaften Schritt darüber nachgedacht hätte. Franz Kafka fasst das wunderbar zusammen: »Wege entstehen dadurch, dass man sie geht.«

Als ich Deutsch lernte, erschien mir die Sprache unendlich schwer. Alleine der Gedanke, dass es für einen bestimmten Artikel im Englischen wie »the« in den vielen Deklinationen des Nominativ, Genitiv, Dativ, und Akkusativ insgesamt 16 verschiedene Möglichkeiten gab, schien unüberwindbar. Ich versuchte, nicht daran zu denken, und jedes Mal, wenn mir ein neues Wort begegnete, setzte ich mich mit diesem einzelnen Wort auseinander. Ich machte oft Fehler in der Sprache – auch solche, über die die Menschen lachen mussten. Da ich zum Beispiel anfangs keinen Umlaut hören konnte, war es mir zunächst unmöglich, den Unterschied zwischen »Büchse« und »Buchse« wahrzunehmen. Mit jedem neuen Satz, den ich lernte, ging es ein Stück voran. Natürlich hatte ich schon eine eigene Sprache, aber diese fremde Sprache, die mir so unendlich schwer erschien, wollte ich erlernen. Und es ging wirklich – Wort für Wort. Irgendwann saß ich da und schrieb Bücher!

Wenn ich zurückschaue, haben sich mir oft Hindernisse in den Weg gelegt und ich bin oft gescheitert. Wenn ich aber keine Hindernisse überwunden hätte und wenn ich nie gescheitert wäre, dann hätte ich wohl auch nie gelernt, dass man sich nicht über Hindernisse oder über das eigene Scheitern definieren darf. Beides lehrt uns, wie es weitergeht und was wir das nächste Mal anders machen müssen. Manchmal liefern sie uns wertvolle Erkenntnisse, die wir später brauchen können. Wenn es schwierig wird, kann man nur einen Schritt nach dem anderen gehen und sieht dann, wo der Weg hinführt. Die Überwindung des Schmerzes kostet Kraft und verlangt die Konzentration auf das Wesentliche, aber er ist nur überwindbar, wenn man ihn akzeptiert und trotzdem weitergeht. Das Scheitern schmerzt immens. Aber im Scheitern wächst man und kann dieses Wachstum für etwas Neues einsetzen.

Immer wieder im Leben wird unser Stehvermögen in schwierigen Situationen geprüft. Wenn man in der Schule das erste Mal eine mathematische Aufgabe lösen soll, fällt das oft schwer. Häufig muss der Lehrer die Prinzipien des Themenbereichs ein paar Mal erklären, bevor wir es verstehen. Manchmal muss man die Aufgabe mehrmals machen, bevor die richtige Lösung gefunden wird. Ich dachte am Anfang in der Schule, ich würde Mathematik nie begreifen. Dass ich eines Tages den Leistungskurs Mathematik wählen würde, hätte ich damals nicht für möglich gehalten. So ähnlich ist es beim Sport – man muss sich bemühen und viel üben, um irgendwann gut genug zu sein und Wettbewerbe zu gewinnen. Klappt das nie, muss man etwas anderes ausprobieren. Bei mir hieß es im Zeugnis unter der Rubrik »Sport« immer »Sie bemüht sich«, was so viel heißt wie »Sie kann es nicht«. Gott sei Dank gab es im Fach Sport keine Noten. Aber dass ich, die Sportniete, beim Schwimmwettbewerb für die Schule starten würde, dass hätten meine Lehrer auch für unmöglich gehalten. Trotzdem tat ich es. Auch wenn ich nie ganz vorne war, so war ich doch recht gut im Schwimmen. Auch wenn man anfängt, ein Instrument zu spielen, trifft man nicht immer gleich die richtigen Noten. Es braucht viel Übung, bis man spielen kann. Beim Klavierspielen in meiner Kindheit mussten die Nachbarn richtig mit uns mitleiden. Trotzdem schafften meine zwei Schwestern und ich es, irgendwann doch wiedererkennbare Lieder spielen zu können. Manchmal läuft das Leben einfach nicht rund. Wenn man um Hilfe bittet, ist man nicht schwach, sondern hat den Mut zuzugeben, dass man Hilfe benötigt – und kommt damit letztendlich weiter.

Als ich nach Deutschland kam, wusste ich nicht, wie alles funktioniert. Ich fragte und fragte und fragte, bis ich die Informationen bekam, die ich brauchte, um hier richtig zu arbeiten, mit Ämtern umzugehen und im Alltag klarzukommen. Natürlich gibt es immer wieder Menschen, die uns erzählen, dass wir dies und das nicht können, oder solche, die nicht an ihr Gegenüber glauben. Aber das sollte einen Menschen nicht daran hindern, den eigenen Weg zu finden und auch zu gehen. Manchmal kann der fehlende Glaube der anderen ein richtiger Motor für das Erreichen der eigenen Ziele sein. Irgendwo habe ich einmal gelesen, dass sogar Albert Einstein in der Schule zu hören bekam, aus ihm werde nie etwas werden. All das ging mir oft durch den Kopf, als ich mit der Firma scheiterte und dabei alles verlor, was ich mir bis dahin aufgebaut hatte. Ich wusste nicht, wo mein Weg mich hinführen würde. Wie in einem richtigen Labyrinth fühlte ich mich so, als ob ich schon wieder vor einer Wand stand und gar nichts weitergehen würde. Ich hatte zum Beispiel am Anfang der Insolvenz kein Girokonto und eine Zeit lang überhaupt kein Geld in der Tasche. Aber wie im Labyrinth gab es doch einen Weg für mich – auch wenn ich ihn lange suchen musste und nicht immer auf Anhieb mit meinen Unterfangen erfolgreich war.

Manchmal war es etwas Lustiges, das mich beflügelte. Wenn jemand mich bei einer Veranstaltung als »Expertin für das Scheitern« oder »Expertin für das Wiederaufstehen« ankündigte, musste ich immer schmunzeln. Ich wusste ja, dass solche Titel nicht unbedingt von jedem Menschen angestrebt werden, und dennoch klingen sie so hochtrabend. Einmal hatte eine Freundin, die Grafikerin ist, mir ein Plakat geschenkt, auf dem ich zu sehen war. Ich streckte auf der einen Seite den Daumen hoch und auf der anderen Seite zeigte ich das Siegeszeichen. Ich überlegt fieberhaft, wann sie ein solches Bild von mir gemacht hatte, und konnte mich partout nicht erinnern. Es dauerte Minuten, bevor ich begriff, dass auf dem Bild gar nicht meine Hände zu sehen waren. Es gab kein solches Foto von mir. Sie hatte ein bestehendes Bild in einer Collage mit ihren Armen kombiniert und es dann bearbeitet. Erst als ich »meine« Handflächen genauer ansah, wusste ich wirklich, dass es nicht meine Hände waren. Man schaut scheinbar die eigenen Handflächen genauso wenig an wie die Stärken, die in einem schlummern. Auf dem Plakat stand: »Miss Erfolg startet durch.« Ja, endlich hatte ich den lang angestrebten Titel Miss Erfolg aus Miss-Erfolg bekommen! Ich habe wirklich sehr über dieses Bild gelacht. Das war es, was ich brauchte, um durch diese schwere Zeit zu kommen, in der ich auf die Restschuldbefreiung und auf die Beendigung meines Insolvenzverfahrens wartete. Konzentriert bleiben und Schritt für Schritt gehen – dann würde der Slogan »Miss Erfolg startet durch« vielleicht irgendwann in der Zukunft auch stimmen.

Es gab Zeiten, in denen ich verzweifelt wäre, hätten die Menschen um mich herum mich nicht aufgefangen. Die Freundschaften, die mir blieben, und die vielen Freundschaften, die in der Insolvenz dazu kamen, halfen mir, viele Schwierigkeiten und Durststrecken zu überwinden. Die Freunde hatten alle so viele gute Einfälle und es war, als ob ein Heer von Schutzengeln sich um mich versammelt hätte. Mir ist oft erzählt worden, dass andere Menschen nicht so viel Glück haben, und ich habe immer wieder überlegt, warum mir so viel Glück mit den Menschen zuteil wurde. Als ich die Menschen fragte, warum sie alle für mich da waren, sagten sie mir: Weil du immer ehrlich warst, weil du nie gejammert hast und weil du auch für uns sehr viel getan hast. Allerdings empfinde ich es nicht so, als ob ich für die Freunde so viel getan hätte wie sie für mich. Vielleicht ist es aber schon so, dass ich mich nie verstellt habe. Ich war nicht mehr wert, als ich erfolgreich war, und ich fühlte mich nicht weniger wert, als ich Misserfolg erfuhr. Ich war und bin stets nur ich.

Mir hat komischerweise auch geholfen, dass ich alles verloren hatte. Wenn man schon alles verloren hat, verliert das Verlieren irgendwie seinen Schrecken. Zum einen konnte man mir nichts nehmen, da ich nichts mehr hatte. Somit gab es im wahrsten Sinne des Wortes »nichts zu verlieren«. Zum anderen hatte ich mir, für den Fall, dass es mal schiefgeht, schon bewiesen, dass es weitergeht und dass ich einen Weg finden kann, wie damals mit den Krücken. Also, was sollte mich davor abhalten, Neues zu probieren? Mehr als verlieren kann ich ja nicht. Und wenn man schon »Expertin für das Scheitern« ist, wird man das doch geregelt bekommen, oder? Man sagt doch, dass Menschen, die nichts zu verlieren haben, gefährlich sind. Ist es gefährlich, wenn man keine Angst vor dem Scheitern hat und einfach versucht, einen neuen Weg zu gehen? Wenn wir Angst haben, etwas zu verlieren, kommt die Innovation damit zum Stillstand, das ist meine feste Überzeugung. Es wäre sehr schade, wenn es im Land der Denker und Erfinder irgendwann keine Innovation mehr gäbe. Und es wäre viel gefährlicher für unsere Wirtschaft, wenn der Mensch zum Stillstand käme.

Ich habe die sechs Jahre der Insolvenz aber auch in dem Glauben gut überstehen können, dass es noch in meinen Händen liegt, etwas für die Gläubiger tun zu können. Allerdings ist das wirtschaftliche Ergebnis leider nicht so ausgefallen, wie ich es mir erträumt hatte. Ich hatte wirklich geglaubt, dass meine Gläubiger von meinem Tun und meiner Arbeit in einem ganz anderen Maß profitieren würden. Deshalb nahm ich jeden Auftrag an, und wenn ich noch so müde war. Jetzt könnte ich natürlich sagen, dass das eine Fehlentscheidung war, denn das Ergebnis sah ja nicht so aus, wie ich es mir gewünscht hatte. Allerdings muss ich für mich sagen, dass mein ureigenstes Ziel ein anderes war: Ich wollte mir selbst sagen können, dass ich in der Insolvenzzeit mein Bestes gegeben habe. Und das kann ich guten Gewissens auch tun. Also ist wenigstens der moralische Ansatz richtig für mich gelaufen. Vielleicht hängt alles davon ab, wie man das Ergebnis sehen möchte.

Geholfen haben mir auch die Begegnungen mit den vielen Menschen, die die gleiche Situation erlebt haben wie ich. Wir konnten uns gegenseitig stärken und gemeinsam überlegen, wie es wohl sein wird, wenn wir diese sechs Jahre hinter uns haben.

Und sie gaben mir alle ein Riesengeschenk. Sie gaben mir den großen Wunsch, etwas ändern zu wollen. Ich wünsche mir, dass diejenigen, die künftig solche Probleme haben, es leichter haben sollten, von der Gesellschaft akzeptiert zu werden und eine wirkliche zweite Chance zu bekommen. Dies gab mir die nötige Energie, mich mit voller Kraft dafür einzusetzen.

Der Blick zurück hat mir erlaubt, viel über mich und über die Welt um mich herum zu lernen – mit dem Ergebnis, dass ich mich, die Menschen und das Leben anders sehe. Ja, unruhig war ich auch manchmal, aber es hielt nicht gar so lange an. Ich habe in viele neue Richtungen gehen dürfen, ja gehen müssen. Die Gefühle waren oft alle gleichzeitig da. Es war manchmal bitter und manchmal süß. Ich habe gelernt, auf meiner Lebensgitarre zu spielen und etwas Neues für mein Leben zu komponieren. Ich bin gewissermaßen wiedergeboren – zumindest fühlte es sich so an, als ich durch den engen Kanal der Erlebnisse hindurch ging. Ich habe mir meine neue Welt erschaffen, sodass ich mit Freude und Elan arbeiten und leben kann.

Perfekt waren diese sechs Jahre wirklich nicht. Dennoch waren sie für mich die schlimmsten, aber auch gleichzeitig die besten Zeiten, die ich in meinem Leben gehabt habe. Am Anfang meiner Insolvenz hätte ich nie gedacht, dass ich etwas Gutes an dieser Zeit finden würde, in der ich alles verlor, was ich mir aufgebaut hatte. Die Insolvenz war wie ein riesiger Felsbrocken, der auf meinem Weg in die Zukunft lag. Aber in dem Labyrinth der vielen neuen Wege, die ich gehen durfte und gehen musste, habe ich so viel über unsere Gesellschaft, unsere Gesetze, unsere Denkweisen und über mich gelernt, dass ich mich mittlerweile reich beschenkt fühle. Wie Ernst von Wildenbruch schon sagte: »Erfahrung heißt reich werden durch Verlieren.«

Ich habe oft das Gefühl, ein sechsjähriges Studium unserer Gesellschaft und unseres Rechtssystems im Bereich des Scheiterns und der Insolvenz absolviert zu haben. Die vielen Paragrafen eines mir bis dahin unbekannten Gesetzes waren mir zu

Anfang sehr fremd. Die Furcht, etwas falsch zu machen, war groß, sodass ich mich am Anfang zwangsweise mit der Materie beschäftigen musste, um sicherzugehen, dass ich mich gesetzeskonform verhalte. Die Informationen, die man als Schuldnerin in einer Regelinsolvenz mitgeteilt bekam, waren sehr dürftig. So saß ich anfangs stundenlang da und studierte das Gesetz, weil ich es musste. Mit der Zeit und durch den Kontakt zu vielen anderen Betroffenen entwickelte ich einen unheimlichen Wissensdurst. Und der Wille, diesen Wissensdurst zu stillen, jedes Mal, wenn etwas Neues auftauchte, war enorm groß. Ich stieß auf viele Grundsatzfragen, die mir einiges über die grundsätzliche Haltung zum Scheitern verrieten. Scheinbar war das Scheitern weder in der Schule noch im späteren Leben vorgesehen, denn es gab zu dem Zeitpunkt, als ich mich damit zu beschäftigen begann, keine Fächer, die sich mit dem Scheitern befassten. Es gab keine Seminare oder Vorträge, die das Thema Scheitern, geschweige denn das Thema Insolvenz ansprachen. Und jedes Mal, wenn ich versuchte, das zu ändern, stieß ich auf Angst. Was würden die Mitglieder der Vereine sagen? Was würde das für ein Bild abgeben, wenn man sich mit dem Verlieren befasste?

Der stetige, sehr langsame Wandel bezogen auf die Beschäftigung mit diesem Thema faszinierte mich. Wenn ich die Gelegenheit bekam, öffentlich darüber zu sprechen, dann atmeten viele Menschen auf. Es wurde ihnen scheinbar der Druck genommen, immer nur alles perfekt machen zu müssen. Die Atmosphäre im Saal wurde sozusagen menschlicher. Dass Menschen überhaupt anfingen, miteinander über das Scheitern und über die schwierigsten Situationen in ihrem Leben zu sprechen, war natürlich ein zusätzlicher Motor dafür, nach vorne zu schauen und einfach weiterzumachen. Erstaunlich, dass so eine fortschrittliche, intelligente Gesellschaft Berührungsängste mit dem Scheitern hat – gerade wenn man daran denkt, dass aus diesem Land so viele hervorragende Wissenschaftler hervorgegangen sind, die genau gewusst haben, dass Experimente erst einmal schiefgehen, bis man für die Problemstellung doch eine Lösung findet.

Der Wunsch, dass meine Kinder nicht irgendwann später im Alter für mich zahlen müssten, hielt mich immer darauf konzentriert, meine Ziele im Auge zu behalten und mich nicht durch Stolpersteine entmutigen zu lassen. Einen Weg zu finden, damit die Zukunft besser aussieht, das ist etwas, was mich stets beflügelt hat. Und wenn ich schon meinen Kindern wahrscheinlich nicht sehr viel vererben kann, dann will ich wenigstens an der Gesellschaft mitarbeiten, in der sie leben. Mein Ziel ist, dass einiges heute und in der Zukunft anders gesehen wird. Vielleicht ist das ein Erbe, das um einiges wertvoller ist als Geld.

Vor allem anderen war die Betrachtung dessen, was ich nicht verloren habe, für mich in dieser Zeit unheimlich wichtig. Wie so oft lernt man diese Lektionen erst spät. Ich konnte sehen, dass es meine Arbeitskraft ist, die mich, trotz der Insolvenz, nach vorne bringt. Es war ungeheuer wichtig, in dieser Zeit wirklich an mich selbst zu glauben und es immer wieder zu versuchen, obwohl es beim ersten oder zweiten Mal nicht funktionierte – und dann festzustellen, dass doch manchmal Wunder passieren.

Wenn ein Veranstalter mir, oft sogar mehrfach, mitgeteilt hatte, dass er das Thema Scheitern nicht auf die Tagesordnung setzen könnte, änderte er seine Meinung häufig dann doch. Vielleicht bin ich einfach ein Unikum, weil das Wort »Nein« nicht unbedingt etwas Endgültiges für mich hat. So sind sie eben, die Menschen mit dem Sternzeichen Stier – unheimlich stur im Schlechten wie im Guten. Und das ändert sich ja auch nicht. Ich brauchte lange, um etwas Wichtiges zu verstehen: Egal, was in meinem Leben passiert, ich werde immer Anne Koark bleiben. Manchmal betrachte ich die Zeit als Insolventin als eine Prüfung im Leben; es wird quasi getestet, wie sehr man zu sich selber halten kann. Es ist schwerer, zu sich selber zu halten als zu anderen

Menschen. Oft kommt der Drang nach Perfektion, eine innere Stimme, die mahnend sagt: »Wie konntest du das nur machen?« Ich nahm mir irgendwann vor, die gleichen Maßstäbe für mich anzusetzen, wie ich es für andere getan hätte. Zu anderen Menschen hätte ich immer gesagt: »Du hast dein Bestes gegeben. Mehr geht nicht!« Warum sollte ich dann nicht genauso viel Gnade für mich walten lassen? Natürlich bin ich nicht perfekt – ich habe viele Fehler. Aber ich versuche wirklich, immer mein Bestes zu tun, und das ist ein Wert, der mir geblieben ist, der mich ausmacht. Mir ist auch der Sinn für Humor geblieben. Mir ist meine Würde geblieben. Mir ist auch der Kampfgeist geblieben, der mir in unzähligen Lebensprüfungen geholfen hat, wieder einen Weg zu finden, der mich dazu gebracht hat, weiterzumachen und meine Ziele zu finden und zu verfolgen.

Ich musste immerzu daran denken, dass auch der Phönix wieder aus der Asche aufsteht. Der Phönix baut sich ein Nest, setzt sich hinein und verbrennt. Nachdem die Flammen erloschen sind, liegt ein Ei mitten in der Asche. Aus diesem Ei entsteht dann irgendwann ein neuer Phönix. Der Legende nach sind auch die Tränen des Phönix heilend. In den sechs Jahren der Insolvenz gab es selbstverständlich auch Tränen. Aber ich habe das Gefühl, dass ich dadurch die Begegnung mit mir selber sehr viel enger spüren durfte. Das war genau der Punkt, an dem ich anfing, mehr über mich zu lernen. Das Ei in der Asche konnte ich lange nicht sehen. Mit der Zeit wurde es spürbar, dass möglicherweise gerade etwas Neues entstand. Ich hoffte, dass es eine Veränderung war, die nachhaltig die allgemeine Einstellung zum Scheitern verwandeln würde.

In meinem Labyrinth gab es stets eine intensive Begegnung mit mir selbst – mit meinen Ängsten, mit meinen Schwächen, aber auch mit meinen Stärken. In früheren Zeiten glaubte man, dass man in den Labyrinthen die bösen Geister zurücklassen könnte und der Weg hinaus zu etwas Besserem führen würde. Und obwohl der Weg wirklich steinig war, habe ich eine Ruhe und ein Vertrauen auf das Leben in mir selbst gefunden, eine Einstellung, die ich vorher nicht hatte.

Die sechs Jahre vergingen und das Warten auf die Restschuldbefreiung war lang. Als es knapp zweieinhalb Monate nach Ablauf der sechs Jahre dann endlich so weit war und die Befreiung erteilt wurde, konnte ich es anfangs nicht fassen, dass es wirklich zu Ende war. Die größte Befreiung war das Gefühl, aus der gefühlten Unmündigkeit entlassen zu werden. Zugleich war es ein ganz neuer Weg, den ich beschreiten durfte, denn nach sechs Jahren der Insolvenz musste ich überlegen, wie das normale Leben ohne Insolvenz und ohne Meldungen an den Insolvenzverwalter überhaupt funktioniert. Es breitete sich ein Gefühl der Befreiung in mir aus, obwohl ich in den sechs Jahre gelernt hatte, mit der Situation zu leben, und wirklich behauptet hätte, dass sich gar nichts ändert. Diese Zeit mich auch auf eine andere Weise befreit. Ich habe gelernt, mit dem zu leben, was kommt, und kann nun einfach etwas daraus machen. Das planmäßige Streben nach den mir selbst gesetzten Zielen war auch eine Art Kerker, die mich daran gehindert hatte, zu sehen, zu was ich sonst noch alles fähig bin.

Und immer wieder wurde mir die Frage gestellt: »Was werden Sie jetzt machen?« Eine komische Frage, denn ich war ja nicht sechs Jahre lange untätig gewesen. In der Zeit der Insolvenz habe ich ein großes Geschenk erhalten: eine Aufgabe, die mich vom Herzen her motivierte. Ich habe es mir zum Ziel gesetzt, das Thema des Scheiterns in die Gesellschaft zu tragen und die Einstellung dazu zu ändern. Das Stigma des Scheiterns ist nach wie vor in unserer Gesellschaft vorhanden. Ich bin und bleibe eine Unternehmerin. Eine Unternehmerin unternimmt stets etwas und ich möchte erreichen, dass man dieses Stigma weiter aufweicht, sodass wir alle freier leben und arbeiten können.

Ich habe auch gelernt, wie wichtig es ist, sich selber aus einem anderen Blickwinkel anzuschauen, und deshalb möchte ich als Trainerin im Management arbeiten. Ich möchte ein Programm anbieten, das einen Perspektivenwechsel ermöglicht und dem teilnehmenden Menschen die Chance gibt, sich selber anzuschauen. Schließlich habe ich in der Insolvenz gelernt, dass man sich selber erst anschauen muss, wenn man will, dass es weitergeht. Ich will weiterhin Vorträge halten, denn die Diskussionen mit dem Publikum bereichern mich. Und ich will nicht vergessen, weiterhin die Möglichkeiten wahrzunehmen, die um mich herum für mich entstehen. Es wäre schade, wenn ich nach der Insolvenz das verlernen würde, was ich in der Insolvenz zu schätzen gelernt habe – dass es manchmal andere Wege gibt, die sich auftun, als die Wege, die man am Anfang für richtig hält.

Ich möchte von all den großen Menschen lernen, über deren Leben ich etwas gelesen habe und die erst nach ihren persönlichen Krisen etwas Großes geschafft haben. Da so viele Menschen nicht in der Lage sind, zu ihren Krisen öffentlich zu stehen, war es für mich bereichernd zu sehen, dass sie zu ihrer Zeit über ihr Scheitern geschrieben haben. Scheitern kommt in irgendeiner Form in jedem Leben vor und deshalb ist es wichtig, darüber zu sprechen und zu schreiben. Man muss das Leben annehmen, wie es ist, und dieses Leben einfach leben. Es ist wichtig, die zweite Chance zu suchen und die Herausforderungen anzunehmen, damit es immer weitergeht: Zurück auf Start!

Erfolgreicher und klüger arbeiten – ohne auf Lebensqualität zu verzichten!

Katty Kay
Claire Shipman
Womenomics
1. Bestimmen Sie Ihre eigenen Erfolgsregeln
2. Leben und arbeiten Sie endlich so, wie Sie es wirklich wollen

256 Seiten / Gebunden mit Schutzumschlag

ISBN 978-3-8218-5996-0

Womenomics ist nicht einfach nur ein Buch, sondern verkörpert eine Haltung, die besagt: Ja, ich will arbeiten, und ich will kreativ, effizient und erfolgreich arbeiten. Aber ich will es zu meinen Bedingungen tun: mit flexiblen Arbeitszeiten, fairer Bezahlung und der Möglichkeit, eine vernünftige Balance zwischen Arbeit, Familie und Privatleben zu finden.

Seien Sie mutig, fordernd und selbstbewusst – und verzichten Sie auf faule Kompromisse. Denn die Zukunft unserer Arbeitswelt wird nach den Regeln von *Womenomics* geschrieben!